# HÜHNCHEN-GERICHTE

TOM BRIDGE

*p*

Copyright © Parragon

Alle Rechte vorbehalten.
Die vollständige oder auszugsweise Speicherung, Vervielfältigung
oder Übertragung dieses Werkes, ob elektronisch, mechanisch, durch Fotokopie oder Aufzeichnung,
ist ohne vorherige Genehmigung des Rechteinhabers
urheberrechtlich untersagt.

Copyright © 2004 für die deutsche Ausgabe

Parragon
Queen Street House
4 Queen Street
Bath BA1 1HE, UK

Übersetzung aus dem Englischen: Scriptorium GbR, Köln; Melanie Schirdewahn, Köln
Lektorat: Melanie Schirdewahn, Köln
Satz: Kirsten Reinhold, Köln
Koordination: Antje Seidel, Köln

**HINWEIS**
Sind Zutaten in Löffelmengen angegeben, ist immer ein gestrichener Löffel gemeint.
Ein Teelöffel entspricht 5 ml, ein Esslöffel 15 ml. Sofern nichts anderes angegeben ist,
wird Vollmilch (3,5 % Fett) verwendet. Bei Eiern. Kartoffeln und Gemüse verwenden Sie
mittelgroße Exemplare. Sofern die Schale von Zitrusfrüchten benötigt wird, verwenden Sie
unbedingt unbehandelte Früchte.

Kinder, ältere Menschen, Schwangere, Kranke und Rekonvaleszenten
sollten auf Gerichte mit rohen oder nur leicht gegarten Eiern verzichten.

ISBN 1-40543-484-8

Printed in China

# Inhalt

Einleitung 4

Suppen & Snacks 6

Blitzgerichte 68

Eintöpfe & Braten 110

Grillen & Schlemmen 190

Gerichte aus aller Welt 222

Rezeptverzeichnis 256

# Einleitung

Preiswertes und gesundes Hühnerfleisch ist zu Recht in aller Welt beliebt und spielt eine wichtige Rolle in der modernen Ernährung. Dank seiner Vielseitigkeit eignet es sich für beinahe alle Zubereitungsmethoden und Landesküchen. Der niedrige Fettgehalt – vor allem ohne Haut – kommt einer cholesterin- und kalorienbewussten Ernährung sehr entgegen. Hühnerfleisch wird je nach Alter und Größe unterschiedlich bezeichnet. So kennen wir beispielsweise Stubenküken (350 – 400 g), Hähnchen (bis zu 1,1 kg), Poularden (bis 2,5 kg) sowie Suppenhühner (bis 2,4 kg) und nicht zuletzt die großen Kapaune (bis 3,5 kg).

## GARMETHODEN

**Backen** Das Fett aus dem Körperinnern entfernen. Das Huhn von innen und außen abwaschen und mit Küchenpapier trockentupfen. Innen großzügig mit Salz und Pfeffer bestreuen und nach Wunsch mit einer Füllung, Kräutern oder einer Zitrone füllen. Die Brust mit weicher Butter oder Öl bestreichen. Das Huhn auf einem Rost in einen Bräter oder in eine flache feuerfeste Form legen und unter ein- oder zweimaligem Bestreichen mit dem Bratensaft im Backofen garen. Wenn das Huhn zu schnell bräunt, mit Alufolie abdecken. Den Garzustand mit einem Bratenthermometer prüfen oder das Fleisch vorsichtig an der dicksten Stelle des Schenkels mit der Messerspitze einstechen. Ist das Hühnchen gar, tritt klarer Fleischsaft aus. Das Huhn auf ein Schneidebrett legen und vor dem Servieren mindestens 5 Minuten ruhen lassen.

**Grillen** Durch die starke Hitze auf dem Grill schließen sich die Poren, und das Fleisch bleibt unter der knusprig braunen Oberfläche schön saftig. Das Huhn sollte dabei ca. 15 cm von der Hitzequelle entfernt sein. Wenn es zu schnell bräunt, die Temperatur leicht reduzieren oder den Abstand vergrößern. Grillt man das Fleisch zu heiß und zu nahe an der Hitzequelle, verbrennt die Außenseite, bevor das Innere gar ist. Gart es zu lange bei zu schwacher Hitze, wird es trocken. Man kann das Huhn in Teile tranchieren, damit es gleichmäßig gart. Brustfleisch kann recht trocken werden, wenn es am Stück gegrillt wird. Besser ist es, Fleischwürfel auf Spieße aufzufädeln. Für schnelles Grillen eignen sich die Flügel am besten.

**Braten** eignet sich für Schenkel, Unterkeulen und kleine Hühnerteile. Das Fleisch mit Küchenpapier trocknen, sodass es gut bräunt und beim Braten nicht spritzt. Das Fleisch kann mit gewürztem Mehl, Ei und Semmelbröseln oder einem Ausbackteig paniert werden. Öl oder eine Mischung aus Öl und Butter in einem schweren Topf erhitzen. Wenn das Öl richtig heiß ist, die Hühnerteile mit der Haut nach unten hineingeben und unter mehrmaligem Wenden rundum goldbraun braten. Vor dem Servieren auf Küchenpapier abtropfen lassen.

**Dünsten** eignet sich hervorragend für kleine Teile oder kleineres Geflügel wie Stubenküken. Wenig Öl oder eine Mischung aus Öl und Butter in einem schweren Topf erhitzen und die Teile unter häufigem Wenden bei mittlerer Hitze goldbraun anbraten. Mit Brühe oder einer anderen Flüssigkeit ablöschen, aufkochen, abdecken und die Temperatur auf niedrigste Stufe reduzieren. Sanft köcheln, bis das Fleisch gar ist.

**Pfannenrühren** Hühnerfleisch ohne Haut und Knochen wird in gleich große Stücke geschnitten, damit es gleichmäßig gart und saftig bleibt. Einen Wok oder Topf erhitzen, dann ein wenig Öl hineingeben. Wenn das Öl zu rauchen beginnt, das Fleisch zugeben und unter ständigem Rühren mit Gewürzen nach persönlichem Geschmack 3–4 Minuten garen. Man kann entweder andere Zutaten zugeben oder das Fleisch für sich garen, herausnehmen und dann die restlichen Zutaten, wie z. B. Gemüse, pfannenrühren. Das Fleisch wieder in den Wok geben, sobald die Zutaten gar sind.

**Kochen im Bräter** eignet sich für größere Stücke von älteren Tieren, wobei auch kleinere ganze Hühnchen gut gegart werden können. Durch das langsame Garen wird das Fleisch zart und erhält viel Geschmack. Das Fleisch in etwas Butter oder Öl oder einer Mischung aus beidem anbräunen. Brühe, Wein oder beides sowie Gewürze und Kräuter zugeben, abdecken und auf dem Herd oder im Backofen kochen, bis das Fleisch gar ist. Nach der Hälfte der Garzeit eine Auswahl an leicht sautierten Gemüsen in den Bräter geben.

**Schmoren** ist eine Garmethode, die keine Flüssigkeit erfordert, da Teile oder ein kleines ganzes Hühnchen mit Gemüse langsam und bei niedriger Temperatur im Backofen gegart werden. Etwas Öl in einem Bräter erhitzen und das Fleisch sanft rundum goldgelb anbräunen. Das Fleisch herausnehmen und eine Auswahl an Gemüsen andünsten, bis sie fast gar sind. Das Fleisch wieder in den Bräter geben, einen Deckel oder Alufolie auflegen und auf dem Herd oder auch im Backofen bei schwacher Hitze garen.

## LEBENSMITTELSICHERHEIT & TIPPS

Huhn ist anfällig für den Befall mit Salmonellen, die eine schwere Lebensmittelvergiftung verursachen können. Deshalb müssen bei Lagerung, Transport und Zubereitung bestimmte Vorsichtsmaßnahmen beachtet werden.
- Achten Sie auf das Mindesthaltbarkeitsdatum. Transportieren Sie das Fleisch nach dem Kauf auf kürzestem Weg nach Hause, am besten in einem Kühlbeutel.
- Legen Sie tiefgefrorene Hühnchen so schnell wie möglich wieder in den Gefrierschrank.
- Lagern Sie das Fleisch im Kühlschrank ohne Verpackung und bewahren Sie das Hühnerklein separat auf. Legen Sie das Huhn in eine flache Schale, um den ablaufenden Saft aufzufangen. Decken Sie die Schale locker mit Alufolie ab und bewahren Sie das Fleisch nicht länger als zwei oder drei Tage im untersten Fach des Kühlschranks auf. Vermeiden Sie während Lagerung und Zubereitung jeden Kontakt zwischen rohem Huhn und gekochten Speisen. Waschen Sie sich nach dem Umgang mit rohem Fleisch die Hände.
- Bereiten Sie rohes Huhn immer auf einem Brett zu, das leicht und gründlich zu reinigen ist.
- Tiefgefrorene Hühnchen sollten vor dem Kochen 36 Stunden im Kühlschrank oder 12 Stunden an einem kühlen Ort aufgetaut werden. Bakterien vermehren sich bei Zimmertemperatur und in auftauendem Fleisch. Durch das Garen bei hohen Temperaturen werden sie vollständig abgetötet. Es sollten keine Eiskristalle mehr vorhanden sein und das Fleisch sollte sich überall weich und elastisch anfühlen.
- Das Fleisch sollte wirklich gar sein. Der Gargrad lässt sich genau feststellen, indem man den Schenkel an der dicksten Stelle mit einer Messerspitze einsticht. Der austretende Saft sollte klar sein. Garen Sie Hühnerfleisch niemals nur halb, sondern immer in einem Durchgang.

## HÜHNERBRÜHE

Hühnerbrühe wird aus dem ganzen Suppenhuhn oder den Flügeln, dem Bürzel und den Beinen gekocht. Das verleiht ihr den vollen Geschmack. Eine einfache Hühnerbrühe lässt sich auch aus dem Hühnerklein, einem Bouquet garni, einer Zwiebel, einer Karotte und Pfefferkörnern zubereiten. Selbst gemachte Hühnerbrühe hält sich im Tiefkühlfach bis zu sechs Monate.
Für eine Hühnerbrühe ein Suppenhuhn mit 2 geviertelten Zwiebeln in einen großen Suppentopf geben und rundum bräunen. Mit kaltem Wasser bedecken, aufkochen und den Schaum abschöpfen. 2 Karotten, 2 Selleriestangen, 1 Bund Petersilie, einige Lorbeerblätter, 1 Thymianzweig und einige Pfefferkörner hineingeben. Halb abdecken und 3 Stunden bei schwacher Hitze köcheln. Die Brühe nur leicht abkühlen lassen. Dann vorsichtig durch ein Sieb in eine große Schüssel abseihen, gut abkühlen lassen und erst anschließend kalt stellen. Vor der Weiterverwendung das Fett gründlich von der Oberfläche abschöpfen.

# Suppen & Snacks

*Hühnersuppe gilt schon lange als gesunde Wohlfühlspeise, und einige Kulturen schätzen sie sogar als Allheilmittel. Tatsächlich ist sie ein sättigendes, leicht verdauliches Gericht voller Aromen. Um das beste Ergebnis zu erzielen, sollte man nur eine gute, selbst gemachte Hühnerbrühe verwenden, aber wenn die Zeit drängt, tut es auch ein Brühwürfel. Jede Küche der Welt hat ihre eigene Version der Hühnersuppe, und so finden Sie in diesem Kapitel unter anderem Rezepte aus Italien, Schottland und China.*

*Huhn ist so vielseitig und einfach zuzubreiten, dass es sich hervorragend für Snacks eignet. Sein unaufdringlicher Geschmack macht es zu einem guten Partner für exotische Früchte und Gewürze oder auch für asiatische Zutaten wie Sojasauce, Sesamöl und Ingwer. In diesem Kapitel finden Sie Puffer, Salate und Keulen, die gefüllt und gebacken oder auch zu köstlich fruchtigen Salaten serviert werden. Hühnerteile sind ganz leicht mundgerecht zuzubereiten, deshalb finden Sie hier auch viele Rezepte, die sich für ein Picknick oder ein köstliches Lunchpaket eignen.*

# Hühnercremesuppe mit Zitrone

*Mit ihrem erfrischenden Zitronenaroma ist diese raffinierte Suppe perfekt an heißen Sommertagen.*

Für 4 Personen

## ZUTATEN

- 60 g Butter
- 8 Schalotten, in dünne Ringe geschnitten
- 2 mittelgroße Karotten, in dünne Scheiben geschnitten
- 2 Selleriestangen, in dünne Scheiben geschnitten
- 250 g Hähnchenbrustfilet, klein geschnitten
- 3 Zitronen
- 1,2 l Hühnerbrühe
- Salz und Pfeffer
- 150 g Schlagsahne
- frische Petersilienzweige und Zitronenscheiben, zum Garnieren

**1** Die Butter in einem großen Topf zerlassen, Gemüse und Fleisch darin 8 Minuten anbraten.

**2** Die Zitronen dünn abziehen und die Zesten etwa 3 Minuten in sprudelndem Wasser blanchieren.

**3** Den Saft der Zitronen auspressen.

**4** Zitronensaft und -schalen mit der Hühnerbrühe in einen Topf geben.

**5** Die Brühe langsam aufkochen und 50 Minuten köcheln. Abkühlen lassen und dann im Mixer glatt pürieren. Die Suppe wieder in den Topf geben, erhitzen, mit Salz und Pfeffer abschmecken und die Sahne einrühren. Die Suppe nicht mehr kochen, da die Sahne sonst gerinnt.

**6** Die Suppe in eine vorgewärmte Terrine oder in einzelne Suppenteller geben und mit Petersilie und Zitronenscheiben garniert servieren.

### VARIATION

*Sie können statt der Zitronen auch 4 Orangen verwenden. Dieses Rezept lässt sich auch gut zu einer Entensuppe mit Orange abwandeln.*

Suppen & Snacks

# Toms Hühnersuppe

*Die Kartoffel gehört schon seit Jahrhunderten zur traditionellen irischen Küche.
Dieses Rezept stammt ursprünglich aus Nordirland und wird Liebhaber deftiger Gerichte begeistern.*

Für 4 Personen

## ZUTATEN

3 Scheiben Frühstücksspeck, gehackt
500 g Hühnerfleisch, gehackt
25 g Butter

3 mittelgroße Kartoffeln, gewürfelt
3 mittelgroße Zwiebeln, gehackt
600 ml Hühnerbrühe
600 ml Milch

Salz und Pfeffer
150 g Schlagsahne
2 EL frisch gehackte Petersilie
irisches Sodabrot, zum Servieren

1  Speck und Fleisch in einem großen Topf 10 Minuten sanft anbraten.

2  Butter, Kartoffeln und Zwiebeln zugeben und unter Rühren 15 Minuten braten.

3  Brühe und Milch zugießen, aufkochen und 45 Minuten köcheln. Mit Salz und Pfeffer abschmecken.

4  Die Sahne einrühren, 5 Minuten köcheln. Die Petersilie zufügen, die Suppe in vorgewärmte Teller geben und mit Sodabrot servieren.

### TIPP

*Sodabrot wird nicht wie gewöhnlich mit Hefe gebacken, sondern mit Backpulver als Triebmittel. Man kann Weizenmehl oder auch Vollkornmehl verwenden.*

### VARIATION

*Für ein sättigendes Hauptgericht können Sie ganz nach Geschmack verschiedenste Gemüse wie Porree, Knollensellerie oder Mais zugeben.*

Suppen & Snacks

# Hühnersuppe mit Porree

*Diese delikate Suppe können Sie auch als Hauptgericht servieren. Mit ein paar in Würfel geschnittenen Paprika und ein wenig Reis wird sie sowohl farbenfroher als auch reichhaltiger.*

Für 6 Personen

## ZUTATEN

350 g Hähnchenbrustfilet
350 g Porree
30 g Butter

1,2 l Hühnerbrühe
1 Bouquet garni
Salz und weißer Pfeffer

8 entsteinte Backpflaumen, halbiert
gekochter Reis und gewürfelte rote
Paprika (nach Belieben)

**1** Hühnerfleisch und Porree mit einem scharfen Messer in 2,5 cm große Stücke schneiden.

**2** Die Butter in einem großen Topf zerlassen und Fleisch und Porree 8 Minuten unter gelegentlichem Rühren anbraten.

**3** Brühe und Bouquet garni in den Topf geben und mit Salz und Pfeffer abschmecken.

**4** Die Suppe aufkochen und 10 Minuten bei schwacher Hitze köcheln.

**5** Pflaumen, Reis und Paprikawürfel zugeben und 10–15 Minuten köcheln. Das Bouquet garni entfernen. Die Suppe in eine vorgewärmte Terrine oder in Suppenteller geben und servieren.

### TIPP

*Wenn Sie Zeit haben, machen Sie die Hühnerbrühe selbst (s. S. 5). Alternativ kaufen Sie hochwertige Brühe aus dem Supermarkt.*

### TIPP

*Anstelle des Bouquet garni können Sie auch ein Bund frische gemischte Kräuter zusammenbinden. Wählen Sie z. B. Petersilie, Thymian und Rosmarin.*

Suppen & Snacks

# Thailändische Hühnersuppe

*Kochen im Handumdrehen – geht das? Ja! Diese würzige Suppe ist in null Komma nichts zubereitet. Wer es gern richtig feurig mag, kann noch eine getrocknete oder frische Chili hinzufügen.*

Für 4–6 Personen

## ZUTATEN

150 g Eiernudeln
1 EL Öl
4 gewürfelte Hähnchenschenkel ohne Haut und Knochen
1 Bund Frühlingszwiebeln, in Scheiben geschnitten

2 Knoblauchzehen, gehackt
2-cm-Stück Ingwerwurzel, fein gehackt
850 ml Hühnerbrühe
200 ml Kokosmilch
3 TL rote Currypaste

3 EL Erdnussbutter
2 EL helle Sojasauce
Salz und Pfeffer
1 kleine rote Paprika, gehackt
60 g tiefgefrorene Erbsen

**1** Die Nudeln in eine flache Schüssel geben und nach Packungsanweisung in kochendem Wasser einweichen.

**2** Das Öl in einem Wok oder großen Topf erhitzen. Das gewürfelte Fleisch zugeben und 5 Minuten unter Rühren braten, bis die einzelnen Stücke gebräunt sind. Die weißen Teile der Frühlingszwiebeln, Knoblauch und Ingwer zugeben, 2 Minuten pfannenrühren. Hühnerbrühe, Kokosmilch, Currypaste, Erdnussbutter und Sojasauce einrühren. Mit Salz und Pfeffer abschmecken. Kurz aufkochen, rühren und unter Rühren 8 Minuten köcheln. Paprika, Erbsen und Zwiebelgrün zufügen und 2 Minuten garen.

**3** Die abgegossenen Nudeln zufügen und erhitzen. Die Nudelsuppe in vorgewärmte Suppentassen füllen.

### VARIATION

*Weniger feurig scharf wird die Suppe, wenn Sie grüne Currypaste statt der roten verwenden.*

Suppen & Snacks

# Hühnerbrühe mit Nudeln

*Diese sättigende Suppe ist genau das Richtige nach einem Ausflug ins Grüne und kann mit Gemüse Ihrer Wahl zubereitet werden. Kinder werden sich über Buchstabennudeln freuen.*

Für 6 Personen

## ZUTATEN

350 g Hähnchenbrustfilet
2 EL Sonnenblumenöl
1 mittelgroße Zwiebel, gewürfelt
250 g Karotten, gewürfelt

250 g Blumenkohlröschen
850 ml Hühnerbrühe
2 TL getrocknete gemischte Kräuter
125 g kleine Nudeln

Salz und Pfeffer
Parmesan und ofenfrisches Brot, zum Servieren

**1** Das Hühnerfleisch mit einem scharfen Messer abziehen und klein würfeln.

**2** Das Öl in einem großen Topf erhitzen und Hühnerfleisch und Gemüse scharf anbraten, bis es leicht bräunt.

**3** Brühe und Kräuter einrühren. Aufkochen und die Nudeln zugeben. Erneut aufkochen, abdecken und unter gelegentlichem Rühren 10 Minuten köcheln.

**4** Mit Salz und Pfeffer abschmecken und mit Parmesan bestreuen. Mit ofenfrischem Brot servieren.

### TIPP

*Sie können für diese Suppe jede kleine Nudelform wie Conchigliette, Ditalini oder sogar klein gebrochene Spaghetti verwenden. Für Kinder eignen sich besonders Tierformen oder Buchstabennudeln.*

### VARIATION

*Sie können den Blumenkohl durch Brokkoliröschen ersetzen. Nehmen Sie statt der getrockneten Kräuter 2 EL frisch gehackte Kräuter.*

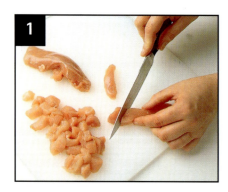

## Suppen & Snacks

# Hühnerconsommé

*Diese Suppe erhält einen noch intensiveren Geschmack, wenn sie aus selbst gemachter Hühnerbrühe hergestellt wird. Die Eierschalen helfen dabei, die Suppe zu klären.*

Für 8–10 Personen

### ZUTATEN

1,75 l Hühnerbrühe
150 ml Medium Dry Sherry

4 Eiweiß und Eierschalen
Salz und Pfeffer

125 g gekochtes Hühnerfleisch, in dünne Streifen geschnitten

1 Brühe und Sherry in einem großen Topf 5 Minuten sanft erhitzen.

2 Eiweiß und Eierschalen zur Brühe geben und unter Schlagen aufkochen.

3 Den Topf vom Herd nehmen und 10 Minuten abkühlen lassen. Den Vorgang dreimal wiederholen. Dadurch kann das Eiweiß die Suppe klären. Die Consommé 5 Minuten abkühlen lassen.

4 Ein Sieb mit einem Musselintuch über einen sauberen Topf hängen und die Suppe durchseihen.

5 Den Vorgang zweimal wiederholen, dann die Suppe sanft erhitzen. Mit Salz und Pfeffer abschmecken und die Hühnerstreifen zugeben. Die Suppe in eine vorgewärmte Terrine oder auf Suppenteller füllen.

6 Die Consommé wie im Tipp rechts empfohlen garnieren.

### TIPP

*Eine Consommé wird in der Regel mit frisch gekochten Suppennudeln, asiatischen Nudeln, Reis oder blanchiertem Gemüse garniert. Sie können aber auch Omelettstreifen verwenden.*

Suppen & Snacks

# Hühner-Mulligatawny-Suppe

*Erinnern Sie sich? Der erste Gang für Miss Sophie im „Dinner for One" war Mulligatawny-Suppe. Mulligatawny kommt ursprünglich aus Indien und bedeutet „Pfefferwasser".*

Für 4 Personen

## ZUTATEN

60 g Butter
1 Zwiebel, in Ringe geschnitten
1 Knoblauchzehe, zerdrückt
500 g Hühnerfleisch, gewürfelt
60 g Räucherspeck, gewürfelt
1 kleine weiße Rübe, gewürfelt
2 Karotten, gewürfelt

1 kleiner Kochapfel, gewürfelt
2 EL mildes Currypulver
1 EL Currypaste
1 EL Tomatenmark
1 EL Mehl
1,2 l Hühnerbrühe
Salz und Pfeffer

150 g Schlagsahne
1 TL frisch gehackter Koriander, zum Garnieren
gekochter oder gebratener Reis, zum Servieren

**1** Die Butter in einem großen Topf zerlassen und Zwiebel, Knoblauch, Hühnerfleisch und Speck 5 Minuten anbraten.

**2** Rübe, Karotten und Apfel zugeben und weitere 2 Minuten braten.

**3** Currypulver, Currypaste und Tomatenmark einrühren und mit dem Mehl bestäuben.

**4** Die Hühnerbrühe zugießen, aufkochen, den Deckel auflegen und etwa 1 Stunde bei schwacher Hitze köcheln.

**5** Die Suppe im Mixer glatt pürieren. Erhitzen, gut mit Salz und Pfeffer abschmecken und nach und nach die Sahne einrühren. Die Suppe mit gehacktem Koriander garnieren und in kleinen Tellern mit gekochtem oder gebratenem Reis servieren.

### TIPP

*Diese Suppe lässt sich bis zu 1 Monat einfrieren. Dann verlieren die Gewürze ihren Geschmack und lassen die Suppe muffig schmecken.*

# Hühnersuppe mit Erbsen

*Diese Suppe ist eine wundervolle Alternative zur herkömmlichen Erbsensuppe. Serviert mit knusprigen Käsecroûtes ist sie einfach köstlich.*

Für 4–6 Personen

## ZUTATEN

3 Scheiben Frühstücksspeck, gewürfelt
900 g Hühnerfleisch, gewürfelt
1 große Zwiebel, gehackt

15 g Butter
500 g Erbsen
2,4 l Hühnerbrühe
Salz und Pfeffer

150 g Schlagsahne
2 EL frisch gehackte Petersilie
Käsecroûtes, zum Garnieren

**1** Speck, Hühnerfleisch und Zwiebel mit etwas Butter in einen großen Topf geben und etwa 8 Minuten bei schwacher Hitze anbraten.

**2** Erbsen und Brühe zugeben, aufkochen, leicht mit Salz und Pfeffer abschmecken, abdecken und 2 Stunden köcheln.

**3** Die Sahne in die Suppe rühren, mit Petersilie und Käsecroûtes garnieren (s. Tipp).

### TIPP

*Croûtes sind gebratene oder getoastete Baguettescheiben, die man auch mit geriebenem Käse bestreuen und leicht toasten kann.*

### VARIATION

*Ersetzen Sie den Speck durch 100 g gewürfelten gekochten Schinken.*

### TIPP

*Wenn Sie getrocknete Erbsen verwenden, weichen Sie sie mehrere Stunden in einer großen Schüssel mit kaltem Wasser ein. Alternative: Die Erbsen mit kaltem Wasser aufkochen. Vom Herd nehmen und im Wasser abkühlen lassen. Die Erbsen abgießen, abspülen und zugeben.*

# Hühnercremesuppe

*Durch das anisartige Aroma des Estragons erhält diese Suppe einen besonderen Pfiff. Falls kein Estragon zur Hand ist, tut es auch die gute alte Petersilie.*

Für 4 Personen

## ZUTATEN

60 g Butter
1 große Zwiebel, gehackt
300 g gekochtes Hühnerfleisch, klein geschnitten

600 ml Hühnerbrühe
Salz und Pfeffer
1 EL frisch gehackter Estragon
150 g Schlagsahne

frische Estragonblätter, zum Garnieren
frittierte Croûtons, zum Servieren

1 Die Butter in einem Topf zerlassen und die Zwiebel 3 Minuten braten.

2 Das Fleisch mit der Hälfte der Brühe zugeben.

3 Aufkochen und 20 Minuten köcheln. Abkühlen lassen, dann glatt pürieren.

4 Die restliche Brühe zugießen und mit Salz und Pfeffer abschmecken.

5 Den gehackten Estragon zugeben, die Suppe in eine Terrine oder einzelne Suppenteller füllen und die Sahne einrühren.

6 Die Suppe mit frischem Estragon garnieren und mit Croûtons servieren.

## VARIATION

*Zerstoßen Sie 3–4 Knoblauchzehen in einem Mörser und geben Sie sie für die Croûtons ins Öl.*

## VARIATION

*Sie können statt des frischen Estragons auch getrockneten nehmen. Statt der normalen Sahne können Sie auch Kaffeesahne verwenden.*

# Hühnersuppe mit Korianderklößchen

*Die abgegossenen Hühnchenstücke und das Gemüse kann man zu schmackhaften kleinen Bratlingen verarbeiten. Einfach mit ein wenig Butter verkneten, zu Buletten formen und goldgelb braten.*

Für 6–8 Personen

## ZUTATEN

900 g Hühnerfleisch, in Streifen geschnitten
60 g Mehl
Salz und Pfeffer
125 g Butter
3 EL Sonnenblumenöl
1 große Karotte, gehackt
1 Selleriestange, gehackt

1 Zwiebel, gehackt
1 kleine weiße Rübe, gehackt
120 ml Sherry
1 TL Thymian
1 Lorbeerblatt
2 l Hühnerbrühe
ofenfrisches Brot, zum Servieren

KORIANDERKLÖSSCHEN:
60 g Mehl, mit ½ TL Backpulver versetzt
60 g frische Semmelbrösel
Salz und Pfeffer
2 EL klein geschnittener Rindertalg
2 EL frisch gehackter Koriander
2 EL abgeriebene Zitronenschale
1 Ei
etwas Milch

1 Das Fleisch in Mehl wälzen und würzen.

2 Die Butter in einem Topf zerlassen und das Hühnerfleisch anbraten, bis es leicht bräunt.

3 Das Öl zugeben. Das Gemüse einrühren und bräunen. Den Sherry und die übrigen Zutaten, mit Ausnahme der Brühe, zugeben.

4 10 Minuten kochen, dann die Brühe zugießen. 3 Stunden köcheln, dann durch ein Sieb in einen sauberen Topf abseihen und abkühlen lassen.

5 Die Trockenzutaten für die Klößchen in einer Schüssel mischen. Das Ei zugeben und gut mischen, dann Milch zugießen, bis ein feuchter Teig entsteht.

6 Den Teig zu kleinen Klößchen formen und in Mehl wälzen.

7 Die Klößchen 10 Minuten in sprudelndem Salzwasser kochen.

8 Mit einem Schaumlöffel aus dem Wasser heben und in die Suppe geben. Weitere 12 Minuten kochen, dann servieren.

Suppen & Snacks

# Dickens Hühnerbrühe

*Diese Suppe besteht aus typisch schottischen Zutaten. Sie sollten sie mindestens zwei Tage ziehen lassen, damit sie ihr Aroma richtig entfalten kann.*

Für 4 Personen

## ZUTATEN

60 g Trockenerbsen, eingeweicht
900 g gewürfeltes Hühnerfleisch ohne Fett
1,2 l Hühnerbrühe

600 ml Wasser
60 g Graupen
1 große Karotte, gewürfelt
1 kleine weiße Rübe, gewürfelt

1 große Porreestange, in dünne Scheiben geschnitten
1 rote Zwiebel, fein gehackt
Salz und weißer Pfeffer

1 Erbsen und Fleisch mit Brühe und Wasser in einen Topf geben und langsam aufkochen.

2 Während des Kochens Schaum und Fett von der Oberfläche abschöpfen.

3 Wenn alles Fett entfernt ist, die gewaschenen Graupen und Salz nach Geschmack zugeben und 35 Minuten köcheln.

4 Die übrigen Zutaten zugeben und 2 Stunden köcheln.

5 Die Suppe erneut abschöpfen und mindestens 24 Stunden ruhen lassen. Wieder erhitzen, abschmecken und servieren.

### VARIATION

*Diese Suppe schmeckt auch mit Rind- oder Lammfleisch. Ersetzen Sie das Hühnerfleisch durch mageres Rinder- oder Lammfilet. Schneiden Sie das Fleisch in dünne Streifen.*

### TIPP

*Sie können ganze Gerstenkörner oder Perlgraupen verwenden. Bei ganzen Körnern muss die äußere Spelze entfernt werden. Gerste hat einen nussigen Geschmack.*

Suppen & Snacks

# Hühnercremesuppe mit Orange

*In diesem raffinierten Rezept können die Orangen auch durch Zitronen ersetzt werden. Wenn mal etwas Besonderes auf den Tisch kommen soll, nehmen Sie Entenfleisch für die Suppe.*

Für 4 Personen

## ZUTATEN

60 g Butter
8 Schalotten, in dünne Ringe geschnitten
2 mittelgroße Karotten, in dünne Scheiben geschnitten

2 Selleriestangen, in dünne Scheiben geschnitten
250 g Hähnchenbrustfilet, klein geschnitten
3 Orangen

1,2 l Hühnerbrühe
Salz und weißer Pfeffer
150 g Schlagsahne
1 Petersilienzweig und 3 Orangenscheiben, zum Garnieren

1 Die Butter in einem großen Topf zerlassen und Schalotten, Karotten, Sellerie und Fleisch unter gelegentlichem Rühren 8 Minuten sanft anbraten.

2 Die Orangen mit einem Sparschäler oder einem scharfen Messer dünn abziehen und die Zesten etwa 3 Minuten in sprudelndem Wasser blanchieren.

3 Die Orangen auspressen. Orangensaft und -schale mit der Brühe in den Topf geben.

4 Langsam aufkochen und 50 Minuten köcheln. Die Suppe abkühlen lassen und dann im Mixer glatt pürieren.

5 Die Suppe wieder in den Topf geben, erhitzen, abschmecken und die Sahne einrühren. Nicht mehr kochen, da die Sahne sonst gerinnt.

6 Die Suppe in eine vorgewärmte Terrine oder einzelne Suppenteller füllen. Mit Petersilie und Orangenscheiben garnieren.

### VARIATION

*Ersetzen Sie die Orangen durch 2 kleine Zitronen. Verwenden Sie ungespritzte Zitrusfrüchte.*

# Hühnersuppe mit Perlhuhn & Spaghetti

*Das Fleisch des Perlhuhns ist zart und hat einen Wildgeschmack, der an Fasan erinnert. Dieses reichhaltige Gericht wird auch Feinschmecker überzeugen.*

Für 6 Personen

## ZUTATEN

- 500 g Hühnerfleisch ohne Haut, klein geschnitten
- 500 g Perlhuhnfleisch ohne Haut
- 600 ml Hühnerbrühe
- 1 kleine Zwiebel
- 6 Pfefferkörner
- 1 TL Gewürznelken
- 1 Prise Muskatblüte
- 150 g Crème double
- 2 TL Butter
- 2 TL Mehl
- 125 g Spaghetti, klein gebrochen und gekocht
- 2 EL frisch gehackte Petersilie, zum Garnieren

1 Das Fleisch mit der Brühe in einen großen Topf geben.

2 Aufkochen und Zwiebel, Pfefferkörner, Nelken und Muskatblüte zugeben. 2 Stunden sanft köcheln, bis die Suppe um ein Drittel reduziert ist.

3 Die Suppe durch ein Sieb abgießen, Fett abschöpfen und alle Knochen des Geflügels entfernen.

4 Die Suppe und das Fleisch in einen sauberen Topf geben. Die Crème double einrühren und langsam aufkochen.

5 Die Butter für die Mehlschwitze zerlassen und mit dem Mehl zu einer Paste verrühren. Die Suppe zugießen und rühren, bis sie leicht andickt.

6 Kurz vor dem Servieren die Spaghetti zugeben.

7 Die Suppe in einzelne Suppenteller füllen, mit Petersilie garnieren und servieren.

## VARIATION

*Perlhuhn erhalten Sie beim Geflügelmetzger. Sie können aber auch Wachteln nehmen.*

Suppen & Snacks

# Hühnercremesuppe mit Tomate

*Für dieses Rezept eignen sich frische Tomaten am besten. Falls diese gerade nicht zur Hand sind, gelingt es auch mit Tomaten aus der Dose.*

Für 2 Personen

## ZUTATEN

60 g Butter
1 große Zwiebel, gehackt
500 g Hühnerfleisch, sehr klein geschnitten
600 ml Hühnerbrühe

6 mittelgroße Tomaten, fein gehackt
1 Prise Backpulver
Salz und Pfeffer
1 EL feiner Zucker
150 g Crème double

frische Basilikumblätter, zum Garnieren
Croûtons, zum Servieren

**1** Die Butter in einem großen Topf zerlassen und Zwiebel und Fleisch 5 Minuten anbraten.

**2** 300 ml Hühnerbrühe, Tomaten und Backpulver zugeben.

**3** Die Suppe aufkochen und 20 Minuten sanft köcheln.

**4** Die Suppe abkühlen lassen, dann im Mixer pürieren.

**5** Die restliche Brühe zugießen, mit Salz und Pfeffer abschmecken, dann den Zucker einrühren. Die Suppe in eine Terrine füllen und die Crème double einrühren. Mit Basilikumblättern garnieren und mit Croûtons servieren.

### TIPP

*Verwenden Sie für eine leichtere Variante Schlagsahne statt der Crème double und lassen Sie den Zucker weg.*

### VARIATION

*Geben Sie für eine italienische Suppe 1 EL frisch gehacktes Basilikum in Schritt 2 zu. Für eine pikante Variante geben Sie ½ TL Curry- oder Chilipulver zu.*

Suppen & Snacks

# Wantan-Suppe mit Huhn

*Für alle Liebhaber der chinesischen Küche eignet sich dieses Rezept hervorragend als Vorspeise für ein chinesisches Menü.*

Für 4-6 Personen

## ZUTATEN

FÜLLUNG:
350 g Hühnerhack
1 EL Sojasauce
1 TL frisch geriebener Ingwer
1 Knoblauchzehe, zerdrückt
2 TL Reiswein oder Sherry

2 Frühlingszwiebeln, in Ringe geschnitten
1 TL Sesamöl
1 Eiweiß
1/2 TL Speisestärke
1/2 TL Zucker
etwa 35 Wantan-Hüllen

SUPPE:
1,5 l Hühnerbrühe
1 EL helle Sojasauce
1 Frühlingszwiebel, in Ringe geschnitten
1 kleine Karotte, in sehr dünne Scheiben geschnitten

1 Alle Zutaten für die Füllung gut mischen.

2 Einen kleinen Löffel Füllung in die Mitte jeder Wantan-Hülle geben.

3 Die Ränder der Teigblätter befeuchten, hoch nehmen und fest zusammendrücken, sodass kleine Säckchen entstehen.

4 Die Wantans 1 Minute in kochendem Wasser garen.

5 Mit einem Schaumlöffel herausnehmen.

6 Die Brühe zum Kochen bringen. Sojasauce, Frühlingszwiebel, Karotte und Wantans in die Suppe geben. 2 Minuten köcheln, dann servieren.

### VARIATION

*Schweine- statt Hühnerfleisch verwenden.*

### TIPP

*Wantan-Hüllen erhalten Sie in asiatischen Lebensmittelmärkten. Frische, gebrauchsfertige Wantan-Hüllen werden gekühlt verkauft. Sie können in Frischhaltefolie verpackt und eingefroren werden.*

Suppen & Snacks

# Ofenkartoffeln mit Huhn & Käse

*Auch die Brust eines Brathähnchens eignet sich hervorragend als Füllung für diese leckeren Kartoffeln. An einem Sommertag werden sie mit einem Salat serviert zu einer vollen Mahlzeit.*

Für 4 Personen

## ZUTATEN

4 große Kartoffeln
250 g Hähnchenbrustfilet, gekocht
4 Frühlingszwiebeln

250 g fettarmer Frischkäse oder Quark
Pfeffer

Krautsalat, grüner Salat oder gemischter Salat, zum Servieren

**1** Die Kartoffeln abschrubben und rundum mit einer Gabel einstechen. 50 Minuten in einem auf 200° C vorgeheizten Backofen backen, bis sie gar sind, oder 12–15 Minuten bei höchster Stufe in der Mikrowelle garen.

**2** Das Fleisch klein würfeln, die Frühlingszwiebeln in dicke Scheiben schneiden und mit Frischkäse oder Quark verrühren.

**3** Die Kartoffeln auf der Oberseite kreuzförmig einschneiden und leicht auseinander ziehen. Die Hühnerfüllung in die Öffnung geben und mit frisch gemahlenem schwarzem Pfeffer bestreuen. Sofort zu Krautsalat, grünem Salat oder gemischtem Salat servieren.

### VARIATION

*Braten Sie für eine andere köstliche Füllung 250 g Champignons in etwas Butter an. Das Hähnchen, 150 g Naturjoghurt, 1 EL Tomatenmark und 2 TL mildes Currypulver zugeben. Gut mischen und die Kartoffeln großzügig damit füllen.*

### TIPP

*Quark finden Sie in der Kühltheke. Er ist ein fettarmer, weißer Frischkäse aus Rohmilch mit einem feinen, leicht säuerlichen Geschmack.*

Suppen & Snacks

# Hähnchenunterkeulen mit Mango-Salsa

*Macht es Ihnen auch so viel Spaß mit den Fingern zu essen? Dann kann die Schweinerei beginnen! Diese pikanten Hähnchenunterkeulen sind die ideale Spielwiese.*

Für 4 Personen

## ZUTATEN

8 Hähnchenunterkeulen ohne Haut
3 EL Mango-Chutney
2 TL Dijon-Senf
2 TL Öl
1 TL Paprikapulver

1 TL schwarze Senfkörner, leicht zerstoßen
½ TL Kurkuma
2 Knoblauchzehen, gehackt
Salz und Pfeffer

SALSA:
1 Mango, gewürfelt
1 Tomate, fein gehackt
½ rote Zwiebel, in dünne Ringe geschnitten
2 EL frisch gehackter Koriander

1 Jede Unterkeule mit einem scharfen Messer drei- oder viermal einschneiden und in einen Bräter legen.

2 Mango-Chutney, Senf, Öl, Gewürze, Knoblauch, Salz und Pfeffer in einer kleinen Schüssel mischen und über die Unterkeulen geben. Die Keulen wenden, um sie rundum mit der Glasur zu überziehen.

3 Den Backofen auf 200 °C vorheizen. Die Unterkeulen 40 Minuten backen und mehrfach mit der Glasur bestreichen, bis sie gar sind.

4 Die Mango für die Salsa mit Tomate, Zwiebel und Koriander vermischen und kalt stellen.

5 Die Unterkeulen auf einem Teller anrichten und heiß oder kalt mit der Mango-Salsa servieren.

## VARIATION

*Ersetzen Sie Kurkuma durch mildes Currypulver.*

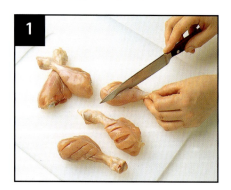

# Hähnchensandwich

*Egal ob zu Hause, auf einer Party oder beim Picknick im Freien: Diese Sandwiches werden Sie und Ihre Gäste garantiert ins Schwärmen bringen.*

Für 6 Personen

## ZUTATEN

- 6 dicke Scheiben Brot oder längs halbiertes und in 6 Stücke geschnittenes Baguette, gebuttert
- 3 Eier, hart gekocht, das Eigelb durch ein Sieb gerieben und das Eiweiß gehackt
- 25 g weiche Butter
- 2 EL scharfer Senf
- 1 TL Anchovispaste
- Salz und Pfeffer
- 250 g Gouda, gerieben
- 3 Hähnchenbrustfilets, gekocht und fein gehackt
- je 12 Scheiben Tomate und Gurke

1 Die Rinde vom Brot schneiden (nach Belieben).

2 Eigelb und Eiweiß von 1 Ei beiseite stellen.

3 Die restlichen Eier in einer großen Schüssel mit Butter, Senf und Anchovispaste mischen und kräftig mit Salz und Pfeffer abschmecken.

4 Geriebenen Käse und Hühnerfleisch zugeben und die Mischung auf die Brote streichen.

5 Abwechselnde Reihen von Eiweiß und Eigelb auf dem Belag anrichten. Die Tomaten- und Gurkenscheiben auf den Sandwiches verteilen und servieren.

### TIPP

*Lassen Sie die Butter bei Zimmertemperatur weich werden oder schlagen Sie sie in einer Schüssel mit einer Gabel cremig. Als Alternative bieten sich weiche Buttersorten an.*

### TIPP

*Mögen Sie es sanfter, verwenden Sie einen milden Senf und Mayonnaise. Garnieren Sie mit Brunnenkresse.*

### VARIATION

*Geben Sie 50 g fein gehackten, knusprig gegrillten Speck zu der Käse-Hühnchen-Mischung.*

Suppen & Snacks

# Hühnchenpeperonata

*Holen Sie sich das Mittelmeer nach Hause! Dieses Gericht vereinigt all die strahlenden Farben und Aromen der mediterranen Küche in sich.*

**Für 4 Personen**

## ZUTATEN

8 Hähnchenschenkel ohne Haut
2 EL Vollkornmehl
2 EL Olivenöl
1 kleine Zwiebel, in dünne Ringe geschnitten

1 Knoblauchzehe, zerdrückt
je 1 große rote, gelbe und grüne Paprika, in dünne Streifen geschnitten
400 g gehackte Tomaten aus der Dose

1 EL frisch gehackter Oregano
Salz und Pfeffer
frischer Oregano, zum Garnieren
ofenfrisches Vollkornbrot, zum Servieren

1 Die Hähnchenschenkel in Mehl wenden.

2 Das Öl in einer Pfanne erhitzen und die Schenkel schnell anbraten, um sie zu versiegeln und zu bräunen, dann aus der Pfanne nehmen. Die Zwiebel sanft glasig anbraten. Knoblauch, Paprika, Tomaten und Oregano zugeben und unter Rühren erhitzen.

3 Die Hähnchenschenkel auf dem Gemüse anrichten, kräftig mit Salz und Pfeffer abschmecken, den Deckel auflegen und etwa 20–25 Minuten köcheln, bis das Fleisch gar und zart ist.

4 Abschmecken, mit Oregano garnieren und mit ofenfrischem Vollkornbrot servieren.

### TIPP

*Wenn Sie keinen frischen Oregano haben, verwenden Sie mit Kräutern verfeinerte Dosentomaten.*

### TIPP

*Halbieren Sie die Paprika und grillen Sie sie unter dem vorgeheizten Backofengrill, bis sich die Haut schwärzt. Abkühlen lassen, Haut und Kerne entfernen und in dünne Streifen schneiden.*

Suppen & Snacks

# Hühnchenpuffer mit Kräutern

*Serviert mit einem grünen Salat, einer frisch gemachten Salsa oder einem Chili-Dip sind diese Hühnchenpuffer einfach unwiderstehlich.*

**Ergibt 8 Stück**

## ZUTATEN

500 g Kartoffelpüree mit Butter
250 g Hühnerfleisch, gekocht und gehackt
125 g gekochter Schinken, fein gehackt

1 EL gemischte Kräuter
2 Eier, leicht verquirlt
Salz und Pfeffer
Milch
125 g frische Vollkorn-Semmelbrösel

Öl, zum Braten
1 frischer Petersilienzweig, zum Garnieren
gemischter Salat, zum Servieren

1 Das Kartoffelpüree in einer großen Schüssel mit Hühnerfleisch, Schinken, Kräutern und 1 Ei mischen und abschmecken.

2 Die Mischung zu Kugeln oder flachen Puffern formen.

3 Etwas Milch mit dem zweiten Ei verrühren.

4 Die Semmelbrösel auf einen flachen Teller geben. Die Puffer in die Ei-Milch-Mischung tauchen und in den Semmelbröseln wenden.

5 Das Öl in einer großen Pfanne erhitzen und die Puffer goldbraun braten. Mit Petersilie garnieren und sofort mit gemischtem Salat servieren.

### TIPP

*Eine Mischung aus frisch gehacktem Estragon und Petersilie ist eine frische Ergänzung zu diesen Puffern.*

### TIPP

*Für eine pikante Tomatensauce 200 g passierte Tomaten und 4 EL Weißwein erhitzen. Abschmecken, vom Herd nehmen und 4 EL Naturjoghurt einrühren. Wieder auf den Herd stellen und mit Chilipulver abschmecken.*

Suppen & Snacks

# Huhn im Hafermantel

*Für diese knusprigen Hühnerteile sprechen viele schlagkräftige Argumente:
Sie eignen sich als Hauptgericht, für unterwegs und enthalten zudem wenig Fett.*

Für 4 Personen

## ZUTATEN

2 EL Haferflocken
1 EL frisch gehackter Rosmarin
Salz und Pfeffer

4 Hühnerteile, ohne Haut
1 Eiweiß
150 g Magerquark

2 TL körniger Senf
geriebener Karottensalat,
zum Servieren

1 Den Backofen auf 200 °C vorheizen. Die Haferflocken mit Rosmarin, Salz und Pfeffer mischen.

2 Jedes Hühnerteil gleichmäßig mit Eiweiß bestreichen, dann in der Panade wenden. Auf ein Backblech legen und etwa 40 Minuten backen, bis beim Einstechen klarer Saft austritt.

3 Den Quark in einer Schüssel mit dem Senf verrühren, mit Salz und Pfeffer abschmecken und mit dem heißen oder kalten Hühnchen und dem Salat servieren.

### VARIATION

*Schneiden Sie für Chicken-Nuggets 4 Hähnchenbrustfilets in kleine Stücke. Reduzieren Sie die Garzeit um etwa 10 Minuten und prüfen Sie dann den Garzustand. Die Nuggets eignen sich für Picknick, Buffet oder einen Kindergeburtstag.*

### VARIATION

*Geben Sie 1 EL Sesamsaat oder Sonnenblumenkerne zur Panade. Probieren Sie statt des Rosmarins auch andere Kräuter.*

# Solomongundy

*Dieses Rezept ist ideal für eine kalte Platte, als Partysnack oder als Vorspeisenteller für ein Menü der besonderen Art.*

Für 4 Personen

## ZUTATEN

1 großer Salatkopf
4 Hähnchenbrustfilets, gekocht und dünn aufgeschnitten
8 Rollmöpse in ihrer Marinade
125 g Roastbeef, in Scheiben geschnitten
6 hart gekochte Eier, geviertelt

125 g gekochter Schinken, in Streifen geschnitten
125 g Lammbraten, in Scheiben geschnitten
150 g Zuckererbsen, gekocht
125 g kernlose rote Trauben
20 gefüllte Oliven, in Scheiben geschnitten

12 Schalotten, gekocht
60 g Mandelblättchen
60 g Sultaninen
2 Orangen
1 Minzezweig
Salz und Pfeffer
knuspriges Brot, zum Servieren

1 Die Salatblätter auf einem großen, runden Teller auslegen.

2 Das Fleisch in drei Portionen auf dem Teller anrichten.

3 Rollmöpse, Roastbeef, Eier, Schinken und Lammfleisch ansprechend dazwischen anrichten.

4 Zwischenräume im Arrangement mit Zuckererbsen, Trauben, Oliven, Schalotten, Mandeln und Sultaninen dekorativ auffüllen.

5 Die Schale der Orangen abreiben und über dem Teller verstreuen. Die Orangen schälen, filetieren und mit dem Minzezweig anrichten. Mit Rollmopsmarinade besprenkeln und servieren.

## VARIATION

*Reichen Sie dazu kaltes gekochtes Gemüse wie aufgeschnittene Bohnen, Babymaiskolben und gekochte Rote Bete.*

Suppen & Snacks

# Hähnchenbaguette

*Ideal für die Mittagspause im Büro oder auch ein Picknick im Freien ist dieses mediterrane Sandwich, das im Voraus zubereitet werden kann.*

Für 6 Personen

## ZUTATEN

1 großes Baguette
1 Knoblauchzehe
125 ml Olivenöl

20 g Sardellenfilets aus der Dose
100 g kalter Hähnchenbraten
2 große Tomaten, in Scheiben geschnitten

8 große entkernte schwarze Oliven, gehackt
Pfeffer

1 Das Baguette längs halbieren und offen hinlegen.

2 Die Knoblauchzehe halbieren und das Brot damit einreiben.

3 Die Schnittfläche des Brotes mit Olivenöl beträufeln.

4 Die Sardellen abtropfen und beiseite stellen.

5 Das Fleisch dünn aufschneiden und mit Tomatenscheiben und Sardellen auf dem Brot anrichten.

6 Das Baguette mit schwarzen Oliven und schwarzem Pfeffer bestreuen. Die Hälften zuklappen und bis zum Servieren in Folie einschlagen. Vor dem Servieren in Scheiben schneiden.

## VARIATION

*Statt das Baguette mit Tomatenscheiben zu belegen, kann man die Hälften auch mit dem Fruchtfleisch einer halbierten Tomate einreiben und dann mit Olivenöl besprenkeln.*

## TIPP

*Geben Sie für einen würzigeren Geschmack frische Basilikumblätter zwischen die Tomatenscheiben. Verwenden Sie für dieses Rezept nur hochwertiges Olivenöl.*

Suppen & Snacks

# Königshuhn

*Dieses delikate Hühnchenrezept macht seinem Namen alle Ehre. Besonders lecker wird's, wenn Sie es mit einem Mango-Chutney servieren.*

Für 6 Personen

## ZUTATEN

4 EL Olivenöl
900 g Hühnerfleisch, gewürfelt
125 g Räucherspeck ohne Rinde, gewürfelt
12 Schalotten

2 Knoblauchzehen, zerdrückt
1 EL mildes Currypulver
Pfeffer
300 g Mayonnaise
1 EL klarer Honig

1 EL frisch gehackte Petersilie
90 g weiße kernlose Trauben, geviertelt
kalter Safranreis, zum Servieren

**1** Das Öl in einer Pfanne erhitzen. Fleisch, Speck, Schalotten, Knoblauch und Currypulver zugeben und bei schwacher Hitze 15 Minuten braten.

**2** Die Mischung in eine saubere Rührschüssel geben.

**3** Die Mischung vollständig abkühlen lassen, dann mit Pfeffer abschmecken.

**4** Die Mayonnaise mit dem Honig verrühren, dann die Petersilie zugeben. Das Fleisch unterheben. Die Mischung in eine tiefe Schüssel geben, mit den Trauben garnieren und zu kaltem Safranreis servieren.

### TIPP

*Sie können mit dieser Mischung eine Ofenkartoffel oder ein Sandwich füllen, müssen das Fleisch dann aber kleiner schneiden.*

### VARIATION

*In Schritt 4 2 EL frisch gehackte Aprikosen und 2 EL Mandelblättchen zur Sauce geben. Für eine leichtere Variante die Mayonnaise durch die gleiche Menge Naturjoghurt ersetzen und den Honig weglassen, da er die Sauce zu flüssig macht.*

Suppen & Snacks

# Hühnchenrillette

*Einfach und lecker ist dieser Brotaufstrich, der sich schon ein paar Tage im Voraus zubereiten lässt. Durch das geräucherte Hühnerfleisch erhält die Rilette einen deftigen Geschmack.*

Für 4–6 Personen

## ZUTATEN

350 g Hühnerfleisch, geräuchert und gehackt
je 1 Prise Muskatnuss und Muskatblüte

125 g weiche Butter
2 EL Portwein
2 EL Sahne
Salz und Pfeffer

1 frischer Petersilienzweig, zum Garnieren
dunkles Brot und frische Butter, zum Servieren

1 Das Hühnerfleisch mit den übrigen Zutaten in eine große Schüssel geben und mit Salz und Pfeffer abschmecken.

2 Die Mischung glatt stampfen oder im Mixer pürieren.

3 Die Mischung in einzelne Steinguttöpfe oder eine große Schale geben.

4 Jeden Topf mit gefettetem Backpapier abdecken und mit Konservendosen oder Gewichten beschweren. 4 Stunden im Kühlschrank kalt stellen.

5 Das Papier entfernen und die Rillette mit geklärter Butter bedecken (s. Tipp).

6 Mit Petersilie garnieren und mit Brotscheiben und frischer Butter servieren.

### TIPP

*Diese Rillette hält sich im Kühlschrank bis zu 3 Tage, aber nicht länger, da sie keine Konservierungsstoffe enthält. Sie kann bis zu 1 Monat eingefroren werden.*

### TIPP

*Für die geklärte Butter:
250 g Butter in einem Topf sanft erhitzen, dabei den sich bildenden Schaum abschöpfen – die Feststoffe sinken zu Boden. Wenn die Butter vollständig zerlassen ist, den Topf vom Herd nehmen und mindestens 4 Minuten ruhen lassen. Die Butter durch ein Musselintuch in eine Schüssel abseihen. Etwas abkühlen lassen, dann auf die Rillette streichen.*

Suppen & Snacks

# Käse-Knoblauch-Hähnchenkeulen

*Fehlt noch etwas Ausgefallenes für die Party? Dann probieren Sie mal diese leckeren Hähnchenunterkeulen. Im Sommer können Sie sie auch im Garten grillen.*

Für 6 Personen

## ZUTATEN

15 g Butter
1 Knoblauchzehe, zerdrückt
3 EL frisch gehackte Petersilie

125 g Ricotta
4 EL geriebener Parmesan
3 EL frische Semmelbrösel
Salz und Pfeffer

12 Hähnchenunterkeulen
Zitronenscheiben, zum Garnieren
gemischter Salat, zum Servieren

1 Die Butter in einem Topf zerlassen und den Knoblauch unter Rühren 1 Minute andünsten, ohne ihn zu bräunen.

2 Den Topf vom Herd nehmen und Petersilie, Käse, Semmelbrösel einrühren. Mit Salz und Pfeffer abschmecken.

3 Die Haut um die Hähnchenkeulen vorsichtig lösen.

4 Mit einem Teelöffel jeweils etwa 1 Esslöffel der Füllung unter die Haut jeder Keule schieben. Die Unterkeulen in einem großen Bräter auslegen.

5 Den Backofen auf 190 °C vorheizen und 45 Minuten backen. Heiß oder kalt mit Zitronenscheiben garniert servieren.

### TIPP

*Der Parmesan kann durch jeden kräftigen Käse ersetzt werden. Versuchen Sie reifen Gouda oder einen italienischen Käse wie Pecorino.*

### TIPP

*Frisch geriebener Parmesan hat mehr „Biss" als geriebener Parmesan aus der Tüte. Reiben Sie nur so viel, wie Sie brauchen, und schlagen Sie den Rest in Frischhaltefolie ein – er hält sich im Kühlschrank mehrere Monate.*

# Hähnchentoast

*Hmm ... diese Toasts sind als kleiner Snack einfach Genuss pur.
Wunderbar schmecken sie auch als Brotbeilage zu einer Suppe.*

**Für 4 Personen**

## ZUTATEN

250 g Gouda, gerieben
250 g Hühnerfleisch, gekocht und klein geschnitten
1 EL Butter

1 EL Worcestersauce
1 TL Senfpulver
1 TL Mehl
4 EL helles Bier
Salz und Pfeffer

4 Weißbrotscheiben
1 EL frisch gehackte Petersilie, zum Garnieren
Kirschtomaten, zum Servieren

**1** Käse, Hühnerfleisch, Butter, Worcestersauce, Senfpulver und Bier in einen kleinen Topf geben. Alle Zutaten verrühren und dann mit Salz und Pfeffer abschmecken.

**2** Diese Hühnerfleischmischung langsam zum Kochen bringen und dann sofort vom Herd nehmen.

**3** Die Mischung mit einem Holzlöffel cremig schlagen. Beiseite stellen, abkühlen lassen.

**4** Sobald die Mischung kalt ist, das Brot von beiden Seiten toasten und großzügig mit der Mischung bestreichen.

**5** Unter dem vorgeheizten Backofengrill goldbraun überbacken.

**6** Mit etwas gehackter Petersilie bestreuen und sofort mit Kirschtomaten servieren.

## TIPP

*Dies ist eine Variante des „Welsh Rarebit", das kein Huhn enthält. Ein mit pochiertem Ei belegtes Welsh Rarebit nennt man „Buck Rarebit".*

# Waldorfsalat mit Huhn

*Dieser farbenfrohe Salat ist eine Variation des klassischen Waldorfsalats. Serviert mit knusprigem, dunklen Brot wird er zu einem perfekten Sommergericht.*

Für 4 Personen

## ZUTATEN

500 g rote Äpfel, gewürfelt
3 EL frisch gepresster Zitronensaft
150 g fettarme Mayonnaise
1 Bund Stangensellerie

4 Schalotten, in Ringe geschnitten
1 Knoblauchzehe, zerdrückt
90 g Walnüsse, gehackt

500 g Hühnerfleisch, gekocht und gewürfelt
1 Kopf Romanasalat
Pfeffer

1 Die Äpfel mit dem Zitronensaft und 1 Esslöffel Mayonnaise in eine Schüssel geben. 40 Minuten ziehen lassen.

2 Den Sellerie mit einem scharfen Messer in sehr dünne Scheiben schneiden.

3 Sellerie, Schalotten, Knoblauch und Walnüsse zu den Äpfeln geben und durchmischen.

4 Die restliche Mayonnaise einrühren und vermischen.

5 Das Hühnerfleisch unterrühren.

6 Eine Salatschüssel oder einen Servierteller mit Salatblättern auslegen. Den Hähnchensalat in die Mitte geben, mit Pfeffer bestreuen und servieren.

### TIPP

*Durch den Zitronensaft verfärben sich die Äpfel nicht.*

### TIPP

*Für einen milderen Geschmack ersetzen Sie die Schalotten durch geputzte und dünn aufgeschnittene Frühlingszwiebeln.*

Suppen & Snacks

# Altenglischer Hühnchensalat

*Dieser einfache, erfrischende Sommersalat ist sehr leicht zuzubereiten. Geben Sie das Dressing allerdings erst kurz vorm Servieren hinzu, damit der Spinat schön knackig bleibt.*

Für 4 Personen

## ZUTATEN

250 g junger Blattspinat
3 Selleriestangen
½ Salatgurke
2 Frühlingszwiebeln
3 EL frisch gehackte Petersilie
350 g Hühnerfleisch, gebraten und in dünne Scheiben geschnitten

DRESSING:
2,5-cm-Stück frische Ingwerwurzel, fein gerieben
3 EL Olivenöl
1 EL Weißweinessig

1 EL klarer Honig
½ TL gemahlener Zimt
Salz und Pfeffer
geröstete Mandeln, zum Garnieren (nach Geschmack)

1 Die Spinatblätter gründlich waschen und mit Küchenpapier trockentupfen.

2 Sellerie, Gurke und Frühlingszwiebeln mit einem scharfen Messer in dünne Scheiben schneiden und in einer Schüssel mit Spinat und Petersilie vermischen.

3 Auf Teller verteilen und Fleisch auf dem Salat anrichten.

4 Alle Zutaten für das Dressing in ein Schraubglas geben, verschließen und kräftig schütteln.

5 Dressing abschmecken, über den Salat gießen. Nach Wunsch mit gerösteten Mandeln bestreuen.

## VARIATION

*Ersetzen Sie den Spinat durch Feldsalat.*

## VARIATION

*Frische junge Spinatblätter passen besonders gut zu Obst – geben Sie einige frische Himbeeren oder Nektarinenspalten für einen noch frischeren Geschmack zu.*

Suppen & Snacks

# Hähnchenbrustfilet mit Birnen-Käse-Salat

*In diesem warmen Salat harmonieren die süßen Birnen perfekt mit dem pikanten Geschmack des Blauschimmelkäses.*

Für 6 Personen

## ZUTATEN

50 ml Olivenöl
6 Schalotten, in Ringe geschnitten
1 Knoblauchzehe, zerdrückt
2 EL frisch gehackter Estragon
1 EL scharfer Senf
Salz und Pfeffer

6 Hähnchenbrustfilets
1 EL Mehl
150 ml Hühnerbrühe
1 Apfel, klein gewürfelt
1 EL gehackte Walnüsse
2 EL Crème double

SALAT:
250 g Reis, gekocht
2 große Birnen, gewürfelt
150 g Blauschimmelkäse, gewürfelt
1 rote Paprika, gewürfelt
1 EL frisch gehackter Koriander
1 EL Sesamöl

**1** Olivenöl, Schalotten, Knoblauch, Estragon und Senf in eine große Schüssel geben. Mit Salz und Pfeffer abschmecken und gründlich durchmischen.

**2** Das Fleisch gründlich in der Marinade wenden, mit Frischhaltefolie abdecken und etwa 4 Stunden im Kühlschrank marinieren.

**3** Das Fleisch abtropfen und die Marinade aufbewahren. Das Fleisch in einer beschichteten Pfanne 4 Minuten von beiden Seiten anbraten, dann auf einen vorgewärmten Teller geben.

**4** Die Marinade in die Pfanne geben, aufkochen und das Mehl einstreuen. Brühe, Apfel und Walnüsse zugeben und 5 Minuten sanft köcheln. Das Fleisch wieder in die Sauce geben, die Crème double zugeben und 2 Minuten kochen.

**5** Die Salatzutaten vermischen, ein wenig davon auf jeden Teller geben und die Hähnchenbrustfilets mit etwas Sauce darauf anrichten.

# Blitz-gerichte

*Das Schöne an Hühnerteilen ist, dass sie sehr schnell garen und damit nicht so viel Vorbereitungszeit in Anspruch nehmen. In diesem Kapitel finden Sie leckere und sättigende Gerichte, die Sie schnell zubereiten können. Die ebenfalls schnell gekochten Nudeln sind die perfekten Begleiter – Ihre Gäste werden glauben, dass Sie für die italienischen Hühnchenrouladen Stunden in der Küche zugebracht haben: Hähnchenbrustfilets werden mit einer köstlichen Füllung aus Basilikum, Haselnüssen und Knoblauch gedämpft und auf einem Bett aus Pasta, Oliven und sonnengetrockneten Tomaten serviert.*

*Kleinere Hühnerteile eignen sich auch ideal zum Pfannenrühren und werden im Wok zart, saftig und köstlich, so wie zum Beispiel bei der schnellen Erdnusspfanne. Wenn es rasch gehen soll, sind auch Risottos eine hervorragende Alternative. In diesem Kapitel finden Sie zwei Risottorezepte, die Sie nach Herzenslust variieren können.*

Blitzgerichte

# Bunte Hühnchenpfanne

*Beim Anblick dieses farbenfrohen Gerichts werden die Augen der ganzen Familie strahlen.
Die bunten Papikarauten begeistern sogar Kinder, die Gemüse sonst lieber meiden.*

Für 4 Personen

## ZUTATEN

10 Hähnchenschenkel ohne Haut und Knochen
1 mittelgroße Zwiebel

1 mittelgroße rote Paprika
1 mittelgroße grüne Paprika
1 mittelgroße gelbe Paprika
1 EL Sonnenblumenöl

400 g gehackte Tomaten aus der Dose
2 EL frisch gehackte Petersilie
Pfeffer
Vollkornbrot und grüner Salat, zum Servieren

1 Die Hähnchenschenkel mit einem scharfen Messer in mundgerechte Stücke schneiden.

2 Die Zwiebel schälen und in dünne Ringe schneiden. Die Paprika halbieren, entkernen und in kleine Rauten schneiden.

3 Das Öl in einer großen Pfanne erhitzen. Fleisch und Zwiebel darin goldbraun anbraten.

4 Die Paprika zugeben, 2–3 Minuten dünsten, dann Tomaten und Petersilie einrühren und mit Pfeffer abschmecken.

5 Abdecken und etwa 15 Minuten köcheln, bis Fleisch und Gemüse gar sind. Heiß mit Vollkornbrot und grünem Salat servieren.

### TIPP

*Statt der frischen können Sie auch getrocknete Petersilie verwenden, brauchen dann aber nur etwa die halbe Menge.*

### TIPP

*Wenn Sie dieses Gericht für kleine Kinder zubereiten, können Sie das Fleisch auch fein hacken oder durch den Fleischwolf drehen.*

Blitzgerichte

# Hühnchentaschen mit Frühlingsgemüse

*Dieses gesunde und bekömmliche Gericht gelingt am besten mit frischem Sommergemüse. Um die Taschen mit Spinat einzuschlagen, benötigen Sie große, aber junge Blätter.*

Für 4 Personen

## ZUTATEN

- 4 Hähnchenbrustfilets
- 1 TL zerstoßenes Zitronengras
- Salz und Pfeffer
- 2 Frühlingszwiebeln, fein gehackt
- 250 g junge Karotten
- 250 g junge Zucchini
- 2 Selleriestangen
- 1 TL helle Sojasauce
- 250 g Spinatblätter
- 2 TL Sesamöl

1 In jede Hähnchenbrust mit einem scharfen Messer eine große Tasche einschneiden. Das Innere der Tasche mit Zitronengras, Salz und Pfeffer einreiben. Die Frühlingszwiebeln in die Taschen geben.

2 Karotten, Zucchini und Sellerie putzen und in kleine Stifte schneiden. 1 Minute in einem Topf mit kochendem Wasser blanchieren, abtropfen lassen und mit der Sojasauce vermischen.

3 Das Gemüse in die Taschen füllen und einschlagen. Übrig bleibendes Gemüse aufbewahren. Die Spinatblätter gründlich waschen, abtropfen und mit Küchenpapier trockentupfen. Die Hähnchenbrustfilets vollständig in die Spinatblätter einschlagen. Wenn sie dafür zu steif sind, die Blätter einige Sekunden über kochendem Wasser dämpfen.

4 Die eingeschlagenen Hähnchenbrustfilets in einen Dämpfeinsatz geben und je nach Größe 20–25 Minuten über sprudelnd kochendem Wasser dämpfen.

5 Übrig gebliebenes Gemüse und die restlichen Spinatblätter 1–2 Minuten in Sesamöl pfannenrühren und mit den Hühnchentaschen servieren.

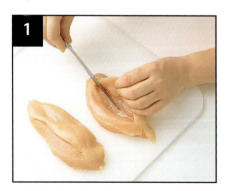

Blitzgerichte

# Hähnchenbrust mit Paprikasauce

*Schnell – einfach – dekorativ – gesund.
Mit diesem Gericht können Sie ohne großen Aufwand Ihre Gäste beeindrucken.*

Für 4 Personen

## ZUTATEN

- 2 EL Olivenöl
- 2 mittelgroße Zwiebeln, fein gehackt
- 2 Knoblauchzehen, zerdrückt
- 2 rote Paprika, klein gewürfelt
- 1 Prise Cayennepfeffer
- 2 TL Tomatenmark
- 2 gelbe Paprika, klein gewürfelt
- 1 Prise getrocknetes Basilikum
- Salz und Pfeffer
- 4 Hähnchenbrustfilets
- 150 ml trockener Weißwein
- 150 ml Hühnerbrühe
- 1 Bouquet garni
- frische Kräuter, zum Servieren

**1** Jeweils 1 Esslöffel Olivenöl in zwei mittelgroßen Töpfen erhitzen. Die Hälfte der Zwiebeln und des Knoblauchs mit den roten Paprika, dem Cayennepfeffer und dem Tomatenmark in einen Topf geben. Die andere Hälfte von Zwiebeln und Knoblauch mit den gelben Paprika und dem Basilikum in den zweiten Topf geben.

**2** Die Töpfe abdecken und 1 Stunde bei sehr schwacher Hitze köcheln, bis die Paprika weich sind. Wenn eine der Mischungen zu trocken wird, etwas Wasser zugießen. Beide Saucen getrennt im Mixer pürieren und jeweils durch ein Sieb streichen.

**3** Die Saucen in die Töpfe geben, abschmecken und erwärmen, während das Fleisch gart.

**4** Die Hähnchenbrustfilets mit Wein und Brühe in einen Topf geben. Das Bouquet garni zugeben und zum Köcheln bringen. Das Fleisch etwa 20 Minuten köcheln.

**5** Zum Servieren einen Spiegel aus beiden Saucen auf vier Teller geben und die aufgeschnittenen Hähnchenbrustfilets darauf anrichten. Mit Kräutern garnieren.

### TIPP

*Sie können Ihr eigenes Bouquet garni mit Ihren Lieblingskräutern, wie Thymian, Petersilie und Lorbeer, anfertigen, die Sie zusammenbinden. Getrocknete Kräuter schlagen Sie in ein Musselintuch ein.*

# Hühnchenrisotto alla Milanese

*Für den Risotto alla Milanese ist der Safran typisch. Das Gewürz mit dem scharf-bitteren Geschmack hat eine wunderschön leuchtende, gelbe Farbe.*

Für 4 Personen

## ZUTATEN

125 g Butter
900 g Hühnerfleisch, in dünne Streifen geschnitten
1 große Zwiebel, gehackt

500 g Risottoreis
600 ml Hühnerbrühe
1 TL zerriebene Safranfäden
150 ml Weißwein

Salz und Pfeffer
60 g frisch geriebener Parmesan, zum Servieren

**1** 60 g Butter in einer Pfanne zerlassen und Fleisch und Zwiebel goldbraun anbraten.

**2** Den Reis gründlich einrühren und 15 Minuten garen.

**3** Die Brühe aufkochen und nach und nach zum Reis geben. Safran, Weißwein, Salz und Pfeffer nach Geschmack zugeben und gut durchrühren. Unter gelegentlichem Rühren 20 Minuten bei schwacher Hitze köcheln und mehr Brühe zugießen, wenn der Risotto zu trocken wird.

**4** Einige Minuten ziehen lassen. Unmittelbar vor dem Servieren ein wenig Brühe zugießen und weitere 10 Minuten köcheln. Den Risotto mit Parmesan bestreuen, mit Butterflocken besetzen und servieren.

### TIPP

*Ein Risotto sollte aus feuchten Körnern bestehen. Man sollte Brühe nur in geringen Mengen und nur dann zugießen, wenn die letzte Zugabe vollkommen aufgenommen ist.*

### VARIATION

*Die Variationen sind schier endlos – kurz vor Ende der Kochzeit können Sie z. B. folgende Zutaten zufügen: Cashewkerne und Mais, leicht angebratene Zucchini und Basilikum oder Artischocken und Austernpilze.*

# Hähnchenbrustfilet Elisabeth

*Hühnchenfleisch lässt sich wunderbar mit Früchten wie Trauben oder Stachelbeeren kombinieren. Dieses Gericht wird Sie mit seinem süßlichen, vollmundigen Geschmack überraschen.*

Für 4 Personen

## ZUTATEN

15 g Butter
1 EL Sonnenblumenöl
4 Hähnchenbrustfilets
4 Schalotten, fein gehackt

150 ml Hühnerbrühe
1 EL Apfelessig
180 g kernlose Trauben, halbiert
120 g Schlagsahne

1 TL frisch geriebene Muskatnuss
Salz und Pfeffer
Speisestärke, in etwas Wasser angerührt, zum Andicken

**1** Butter und Öl in einer großen Pfanne oder einem Topf erhitzen und die Hähnchenbrustfilets unter einmaligem Wenden schnell goldbraun anbraten. Die Hähnchenbrüste aus der Pfanne nehmen und bis zur weiteren Verwendung warm stellen.

**2** Die Schalotten in die Pfanne oder den Topf geben und anbraten, bis sie leicht bräunen. Das Fleisch wieder zugeben.

**3** Brühe und Essig zugießen, aufkochen, dann abdecken und unter gelegentlichem Rühren 10–20 Minuten sanft köcheln.

**4** Die Hähnchenbrustfilets auf einem Servierteller anrichten. Trauben, Sahne und Muskat in die Pfanne geben, erhitzen und mit Salz und Pfeffer abschmecken. Nach Geschmack etwas Speisestärke einrühren, um die Sauce anzudicken. Die Sauce über das Fleisch geben und servieren.

## VARIATION

*Sie können in Schritt 3 etwas Weißwein oder Vermouth in die Sauce geben.*

# Schnelle Erdnusspfanne

*Hier noch ein Rezept für ganz Eilige, das innerhalb von zehn Minuten zubereitet ist. Die asiatischen Eiernudeln sind hierzu perfekt, da sie schon nach drei bis vier Minuten servierfertig sind.*

Für 4 Personen

## ZUTATEN

- 300 g Zucchini
- 250 g Babymaiskolben
- 300 g Champignons
- 250 g dünne asiatische Eiernudeln
- 2 EL Maisöl
- 1 EL Sesamöl
- 8 Hähnchenschenkel oder 4 -brustfilets, dünn aufgeschnitten
- 350 g Bohnensprossen
- 4 EL cremige Erdnussbutter
- 2 EL Sojasauce
- 2 EL Limetten- oder Zitronensaft
- Pfeffer
- 60 g geröstete Erdnüsse
- Koriander, zum Garnieren

1 Zucchini, Mais und Champignons putzen und mit einem scharfen Messer in dünne Scheiben schneiden.

2 Einen großen Topf mit leicht gesalzenem Wasser zum Kochen bringen und die Nudeln 3–4 Minuten kochen. Unterdessen die Öle in einer großen Pfanne oder einem Wok erhitzen und das Hühnerfleisch 1 Minute scharf anbraten.

3 Zucchini, Mais und Champignons zugeben und etwa 5 Minuten pfannenrühren.

4 Bohnensprossen, Erdnussbutter, Sojasauce, Limetten- oder Zitronensaft und Pfeffer zugeben und weitere 2 Minuten kochen.

5 Die Nudeln abgießen, auf einen Servierteller geben und mit den Erdnüssen bestreuen. Die Fleisch-Gemüse-Sauce mit einem frischen Korianderzweig garnieren und mit den Nudeln servieren.

## TIPP

*Sie können dieses Gericht auch mit breiten asiatischen Bandnudeln aus Reismehl servieren.*

# Hühnchentaschen im Schinkenmantel

*Läuft Ihnen beim Anblick dieses mit Ricotta, Muskat und Spinat gefüllten und mit Parmaschinken umhüllten Hähnchenbrustfilets nicht auch das Wasser im Mund zusammen?*

Für 4 Personen

## ZUTATEN

- 125 g Spinat, Tiefkühlware aufgetaut
- 125 g Ricotta
- 1 Prise frisch geriebene Muskatnuss
- Salz und Pfeffer
- 4 Hähnchenbrustfilets
- 4 Scheiben Parmaschinken
- 25 g Butter
- 1 EL Olivenöl
- 12 kleine Zwiebeln oder Schalotten
- 120 g Champignons, in Scheiben geschnitten
- 1 EL Mehl
- 150 ml trockener Weiß- oder Rotwein
- 300 ml Hühnerbrühe

**1** Den Spinat in ein Sieb geben und mit einem Löffel das Wasser herausdrücken. Den Spinat mit Ricotta und Muskat mischen und mit Salz und Pfeffer abschmecken.

**2** Mit einem scharfen Messer in jedes Hähnchenbrustfilet eine große Tasche schneiden. Die Taschen mit der Spinatmischung füllen, zudrücken und die Brustfilets jeweils fest in eine Schinkenscheibe einwickeln und mit einem Zahnstocher gut feststecken. Abdecken und kalt stellen.

**3** Butter und Öl in einer Pfanne erhitzen und die Hähnchenbrustfilets 2 Minuten von jeder Seite anbraten. In eine große Auflaufform legen und warm stellen.

**4** Zwiebeln oder Schalotten und Champignons 2–3 Minuten anbraten, bis sie leicht bräunen. Das Mehl einrühren und dann langsam Wein und Brühe zugießen. Unter ständigem Rühren aufkochen. Mit Salz und Pfeffer abschmecken und über die Hähnchenbrustfilets gießen.

**5** Den Backofen auf 200 °C vorheizen. Die Hähnchenbrustfilets unabgedeckt 20 Minuten backen. Wenden und weitere 10 Minuten backen. Die Zahnstocher entfernen und die Hähnchentaschen mit der Sauce servieren. Dazu passen Karottenpüree und grüne Bohnen.

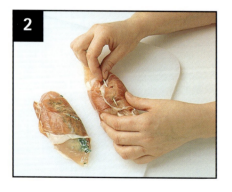

Blitzgerichte

# Pochierte Hähnchenbrust mit Whiskysauce

*Diese mit Gemüse und Brühe gekochten Hähnchenbrustfilets werden mit einer wunderbar samtartigen Sauce aus Whisky und Crème fraîche serviert.*

Für 6 Personen

## ZUTATEN

25 g Butter
60 g Porree, klein geschnitten
60 g Karotte, gewürfelt
60 g Stangensellerie, gewürfelt
4 Schalotten, in Ringe geschnitten

600 ml Hühnerbrühe
6 Hähnchenbrustfilets
50 ml Whisky
200 g Crème fraîche
2 EL frisch geriebener Rettich

1 TL Honig, erwärmt
1 TL frisch gehackte Petersilie
Salz und Pfeffer
1 frischer Petersilienzweig, zum Garnieren

1 Die Butter in einem großen Topf zerlassen und Porree, Karotte, Sellerie und Schalotten zugeben. 3 Minuten anbraten, die Hälfte der Brühe zugießen und etwa 8 Minuten kochen.

2 Die restliche Brühe zugießen, aufkochen, die Filets zugeben und 10 Minuten kochen.

3 Das Hühnerfleisch herausnehmen und dünn aufschneiden. Auf einem großen vorgewärmten Teller anrichten und warm stellen.

4 In einem zweiten Topf den Whisky auf die Hälfte einkochen. Die Hühnerbrühe durch ein feines Sieb gießen, zum Whisky geben und erneut auf die Hälfte einkochen.

5 Crème fraîche, Rettich und Honig einrühren. Sanft erhitzen, die Petersilie zugeben und abschmecken. Rühren.

6 Etwas Sauce um das Fleisch auf den Teller geben und die übrige Sauce in eine Sauciere füllen.

7 Das Fleisch mit einem Petersilienzweig garnieren und zu Gemüsebratlingen aus Gemüseresten, Kartoffelpüree und frischem Gemüse servieren.

# Teufelshuhn

*An dieses Teufelshuhn können Sie sich ruhig herantrauen. Zwar wird es durch den Cayennepfeffer recht scharf, doch Trauben, Apfelmus und saure Sahne runden alles süßlich mild ab.*

Für 2–3 Personen

## ZUTATEN

25 g Mehl
1 TL Cayennepfeffer
1 TL Paprikapulver
350 g Hühnerfleisch ohne Haut und Knochen, gewürfelt

25 g Butter
1 Zwiebel, fein gehackt
450 ml Milch, erwärmt
4 EL Apfelmus

120 g weiße Trauben
150 g saure Sahne
Paprikapulver, zum Garnieren

**1** Mehl, Cayennepfeffer und Paprikapulver mischen und das Hühnerfleisch darin wenden.

**2** Überschüssiges Mehl abschütteln. Die Butter in einem Topf zerlassen und das Fleisch mit der Zwiebel 4 Minuten anbraten.

**3** Die Mehl-Gewürz-Mischung einrühren. Die Milch unter Rühren zugießen, bis Sauce andickt.

**4** Köcheln, bis die Sauce glatt ist.

**5** Apfelmus und Trauben zugeben und 20 Minuten köcheln.

**6** Fleisch und Sauce auf einem Servierteller anrichten und mit saurer Sahne und Paprikapulver garnieren.

### VARIATION

*Verwenden Sie für eine leichtere Version Naturjoghurt statt der sauren Sahne.*

### TIPP

*Wenn Sie wünschen, können Sie mehr Paprikapulver verwenden. Es ist mild und wird nicht so schnell dominant.*

# Italienische Hühnchenrouladen

*Beim Dämpfen kann man auf den Zusatz von Fett fast vollkommen verzichten und lässt das Gargut einfach in Alufolie verpackt über Wasserdampf im eigenen Saft gar ziehen.*

Für 4 Personen

## ZUTATEN

- 4 Hähnchenbrustfilets
- 25 g frische Basilikumblätter
- 15 g Haselnüsse
- 1 Knoblauchzehe, zerdrückt
- Salz und Pfeffer
- 250 g Vollkorn-Spiralnudeln
- 2 sonnengetrocknete oder frische Tomaten
- 1 EL Zitronensaft
- 1 EL Olivenöl
- 1 EL Kapern
- 60 g schwarze Oliven

1 Die Hähnchenbrustfilets mit einer Teigrolle gleichmäßig plattieren.

2 Basilikum und Haselnüsse im Mixer fein hacken und mit Knoblauch, Salz und Pfeffer mischen.

3 Die Hähnchenbrustfilets mit der Basilikum-Mischung bestreichen und von einer Spitze her einrollen. Die Rouladen fest in Alufolie einschlagen und die Enden zudrehen.

4 Einen großen Topf mit gesalzenem Wasser zum Kochen bringen und die Nudeln bissfest garen.

5 Die Rouladenpakete in einen Dämpfeinsatz oder ein Sieb über kochendes Wasser legen, abdecken und 10 Minuten dämpfen. Unterdessen die Tomaten würfeln.

6 Die Nudeln abgießen und mit Zitronensaft, Olivenöl, Tomaten, Kapern und Oliven wieder in den Topf geben und erwärmen.

7 Das Fleisch mit einem Zahnstocher einstechen. Wenn klarer Saft austritt, die Rouladen aufschneiden, auf den Nudeln anrichten und servieren.

## VARIATION

*Sonnengetrocknete Tomaten haben ein volles Aroma, aber Sie können auch frische Tomaten verwenden.*

# Knoblauchhuhn

*Dieses mit Ricotta und Knoblauch gefüllte und in Tomatensauce geschmorte Huhn ist einfach ein Gedicht.*

Für 4 Personen

## ZUTATEN

4 Hähnchenbrustfilets mit Haut
120 g Spinat, Tiefkühlware aufgetaut
150 g Ricotta
2 Knoblauchzehen, zerdrückt
1 EL Olivenöl

1 Zwiebel, gehackt
1 rote Paprika, in Ringe geschnitten
400 g gehackte Tomaten aus der Dose
6 EL Weißwein oder Hühnerbrühe

10 gefüllte Oliven, in Scheiben geschnitten
Salz und Pfeffer
Nudeln, zum Servieren

**1** Die Haut jeweils auf einer Seite jedes Hähnchenbrustfilets mit einem Messer ablösen und anheben, sodass eine auf der anderen Seite geschlossene Tasche entsteht.

**2** Den Spinat in ein Sieb geben und das Wasser herausdrücken. Mit Ricotta und der Hälfte des Knoblauchs mischen. Mit Salz und Pfeffer würzen.

**3** Die Spinatmischung unter die Hähnchenbrusthaut schieben und mit Zahnstochern verschließen.

**4** Das Öl in einer Pfanne erhitzen und die Zwiebel darin 1 Minute anbraten. Den restlichen Knoblauch und die Paprika zugeben und 2 Minuten anbraten. Tomaten, Wein oder Brühe und Oliven einrühren. Abschmecken. Die Sauce beiseite stellen und das Fleisch kalt stellen, wenn es nicht sofort serviert werden soll.

**5** Die Sauce zum Kochen bringen, in eine flache feuerfeste Form geben und die Hähnchenbrustfilets in einer Lage darauf legen.

**6** Den Backofen auf 200 °C vorheizen. 35 Minuten unabgedeckt goldbraun garen. Die Hähnchenbrustfilets sind gar, wenn beim Anstechen mit einem Spieß der Bratensaft klar und nicht mehr rosa austritt. Die Hähnchenbrustfilets mit ein wenig Sauce übergießen, auf vorgewärmten Tellern anrichten und mit Nudeln servieren.

Blitzgerichte

# Hähnchenstreifen mit zwei Dips

*Dippen macht Spaß! Besonders wenn man goldgelb gebratene Hähnchenstreifen in zwei verschiedene, leckere Dips tunken kann.*

Für 2 Personen

## ZUTATEN

2 Hähnchenbrustfilets
1 EL Mehl
1 EL Sonnenblumenöl

ERNUSS-DIP:
3 EL Erdnussbutter
4 EL Naturjoghurt
1 TL abgeriebene Orangenschale
Orangensaft (nach Geschmack)

TOMATEN-DIP:
1 mittelgroße Tomate
5 EL Ricotta oder anderer Frischkäse
2 TL Tomatenmark
1 TL frisch gehackter Schnittlauch

1 Das Hühnerfleisch mit einem scharfen Messer in schmale Streifen schneiden und im Mehl wenden.

2 Das Öl in einer beschichteten Pfanne erhitzen und die Hähnchenstreifen rundum goldgelb braten. Aus der Pfanne nehmen und auf Küchenpapier abtropfen.

3 Für den Erdnuss-Dip alle Zutaten mischen. Ist er zu dickflüssig, nach Geschmack etwas Orangensaft zugeben.

4 Für den Tomaten-Dip die Tomate hacken und mit den übrigen Zutaten verrühren.

5 Die Hähnchenstreifen mit den Dips und Gemüsestreifen zum Dippen servieren.

## VARIATION

*Für eine leichtere Alternative pochieren Sie die Hähnchenstreifen 6–8 Minuten in ein wenig kochender Hühnerbrühe.*

## VARIATION

*Eine erfrischende Guacamole: 1 zerdrückte Avocado, 2 fein gehackte Frühlingszwiebeln, 1 gehackte Tomate, 1 zerdrückte Knoblauchzehe und 1 Spritzer Zitronensaft miteinander verrühren. Geben Sie den Zitronensaft möglichst früh zur Avocado, damit sie sich nicht verfärbt.*

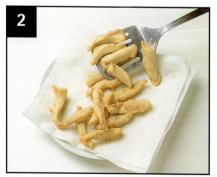
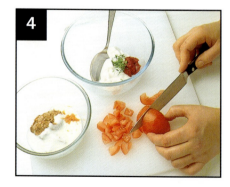

# Hähnchenbrustfilet „Lady Jayne"

*Das Überraschende an diesem Rezept ist die ungewöhnliche Kombination von Kaffeelikör und Weinbrand. Sie werden sich die Finger danach lecken!*

Für 4 Personen

## ZUTATEN

4 Hähnchenbrustfilets
4 EL Maiskeimöl
8 Schalotten, in Streifen geschnitten

Schale und Saft von 1 Zitrone
2 TL Worcestersauce
4 EL Hühnerbrühe

1 EL frisch gehackte Petersilie
3 EL Kaffeelikör
3 EL Weinbrand, erwärmt

1 Die Hähnchenbrustfilets auf einem Schneidebrett mit Frischhaltefolie abdecken und mit einem Fleischklopfer oder einem Nudelholz plattieren.

2 Das Öl in einer großen Pfanne erhitzen und das Fleisch 3 Minuten von jeder Seite anbraten. Die Schalotten zugeben und weitere 3 Minuten braten.

3 Zitronenschale und -saft, Worcestersauce und Hühnerbrühe einrühren. 2 Minuten kochen, dann mit der Petersilie bestreuen.

4 Mit Kaffeelikör und Weinbrand übergießen und flambieren, dazu den Alkohol mit einem langen Streichholz entzünden. Servieren, sobald die Flammen erloschen sind.

### TIPP

*Sie können auch Suprêmes verwenden. Dies sind abgelöste, von der Haut befreite Hähnchenbrustfilets mit Flügelknochen.*

### TIPP

*Durch das Plattieren braucht das Fleisch weniger Zeit zum Garen.*

# Golden glasierte Hähnchenbrust

*Dass Hähnchenfleisch einfach wunderbar mit Früchten harmoniert, wird in diesem Gericht wieder einmal unter Beweis gestellt.*

**Für 6 Personen**

## ZUTATEN

6 Hähnchenbrustfilets
1 TL Kurkuma
1 EL körniger Senf
300 ml Orangensaft

2 EL klarer Honig
2 EL Sonnenblumenöl
350 g Langkornreis
1 Orange

3 EL frisch gehackte Minze
Salz und Pfeffer
Minzezweige, zum Garnieren

1 Die Oberseite der Hähnchenbrustfilets mit einem scharfen Messer kreuzförmig einschneiden. Kurkuma, Senf, Orangensaft und Honig verrühren und über das Fleisch geben. Bis zur Verwendung kalt stellen.

2 Das Fleisch aus der Marinade nehmen und mit Küchenpapier trockentupfen.

3 Das Öl in einem großen Topf erhitzen und das Fleisch unter einmaligem Wenden goldbraun anbraten. Mit der Marinade übergießen, abdecken und anschließend 10–15 Minuten köcheln.

4 Den Reis in leicht gesalzenem Wasser kochen und abgießen. Die Orangenschale dünn abreiben und mit der Minze unter den Reis mischen. Mit Salz und Pfeffer abschmecken.

5 Schale und weiße Haut mit einem scharfen Messer von der Orange abziehen und die Orange filetieren.

6 Das Hühnerfleisch mit Orangenfilets und Minze garnieren und mit dem Reis servieren.

## VARIATION

*Verwenden Sie für eine etwas pikantere Sauce eine kleine Grapefruit anstelle der Orange.*

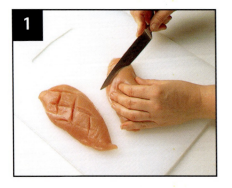

# Mediterrane Huhn-Gemüse-Pakete

*In Folie gegartes Fleisch oder Gemüse behält sein volles Aroma und kann fast ohne den Zusatz von Fett zubereitet werden.*

Für 6 Personen

## ZUTATEN

1 EL Olivenöl
6 Hähnchenbrustfilets
250 g Mozzarella

500 g Zucchini, in Scheiben geschnitten
6 große Tomaten, in Scheiben geschnitten

Pfeffer
1 kleines Bund frisches Basilikum
Reis oder Nudeln, zum Servieren

1 6 Quadrate aus Alufolie mit einer Seitenlänge von 25 cm zuschneiden, dünn mit Öl bestreichen und beiseite legen.

2 Jedes Hähnchenbrustfilet mit einem scharfen Messer mehrfach quer einschneiden, dann den Mozzarella aufschneiden und die Scheiben in die Einschnitte stecken.

3 Zucchini- und Tomatenscheiben auf die Folienquadrate verteilen und mit schwarzem Pfeffer bestreuen. Basilikum zupfen oder hacken und über das Gemüse streuen.

4 Die Hähnchenbrustfilets auf dem Gemüse anrichten und die Folien zu Paketen verschließen.

5 Den Backofen auf 200 °C vorheizen. Die Pakete auf ein Backblech legen und etwa 30 Minuten backen.

6 Die Folienpakete zum Servieren öffnen. Reis oder Nudeln dazu reichen.

### TIPP

*Legen Sie Gemüse und Fleisch zum leichteren Garen auf die glänzende Seite der Folie, sodass die matte Seite nach außen weist. Dadurch wird die Hitze vom Paket aufgenommen und nicht reflektiert.*

# Hühnchen mit Mais & Zuckererbsen

*Lieben Sie Knackiges aus dem Wok? Dann probieren Sie einmal dieses wirklich blitzschnelle Gericht. Falls Sie keinen Wok besitzen, tut es auch eine große Pfanne.*

### Für 4 Personen

## ZUTATEN

- 4 Hähnchenbrustfilets
- 250 g Babymaiskolben
- 250 g Zuckererbsen
- 2 EL Sonnenblumenöl
- 1 EL Sherryessig
- 1 EL Honig
- 1 EL helle Sojasauce
- 1 EL Sonnenblumenkerne
- Pfeffer
- Reis oder chinesische Eiernudeln, zum Servieren

**1** Das Hühnerfleisch mit einem scharfen Küchenmesser in schmale Streifen schneiden. Die Maiskölbchen der Länge nach halbieren. Die Zuckererbsen putzen.

**2** Das Sonnenblumenöl in einem heißen Wok oder einer großen Pfanne erhitzen. Das Hühnerfleisch zugeben und kurz anbraten.

**3** Die Maiskölbchen und Zuckererbsen zufügen und bei mittlerer Hitze 5–8 Minuten pfannenrühren, bis alles durchgegart ist. Das Gemüse sollte noch bissfest und leicht knackig sein.

**4** Sherryessig, Honig und Sojasauce verrühren. Die Mischung zusammen mit den Sonnenblumenkernen in den Wok oder die Pfanne einrühren. Gut pfeffern. 1 Minute unter Rühren garen. Das sautierte Hühnerfleisch mit Reis oder chinesischen Eiernudeln servieren.

### TIPP

*Reisessig oder Balsamicoessig sind ein guter Ersatz für Sherryessig.*

# Herzhafte Hühnchenkroketten

*Serviert mit einer cremigen Tomatensauce und frischem Brot werden diese Kroketten zu einer köstlichen Hauptmahlzeit.*

Für 4–6 Personen

## ZUTATEN

180 g frische Semmelbrösel
250 g Hühnerfleisch, gekocht und fein gehackt
1 kleine Porreestange, fein gehackt

je 1 Prise gemischte Kräuter und Senfpulver
Salz und Pfeffer
2 Eier, getrennt

4 EL Milch
grobe Semmelbrösel, zum Panieren
25 g Bratfett

1 Die Semmelbrösel in einer großen, sauberen Schüssel mit Hühnerfleisch, Porree, gemischten Kräutern und Senfpulver verrühren und mit Salz und Pfeffer abschmecken. Gründlich mischen.

2 Ein ganzes Ei und ein Eigelb mit ein wenig Milch zum Binden zu der Mischung geben.

3 Die Mischung in 6 oder 8 Portionen aufteilen und zu dicken oder dünnen Kroketten formen.

4 Das restliche Eiweiß schaumig schlagen. Die Kroketten zunächst im Eiweiß und dann in den groben Semmelbröseln wälzen.

5 Das Fett erhitzen und die Kroketten 6 Minuten rundum goldbraun braten. Servieren.

## TIPP

*Sie können Ihr eigenes Hühnerhack herstellen, indem Sie mageres Hühnerfleisch im Mixer zerkleinern.*

## VARIATION

*Bei Vollwerternährung können Sie zum Braten statt des Bratfetts auch Öl verwenden, da es weniger gesättigte Fettsäuren enthält.*

Blitzgerichte

# Goldener Hühnchenrisotto

*Wenn möglich sollten Sie Risottos mit Rundkornreis, zum Beispiel Arborio-Reis, kochen. Sonst ist es schwierig, die für den Risotto typische, cremige Konsistenz zu erreichen.*

Für 4 Personen

## ZUTATEN

- 2 EL Sonnenblumenöl
- 1 EL Butter oder Margarine
- 1 mittelgroße Porreestange, in dünne Scheiben geschnitten
- 1 große gelbe Paprika, gewürfelt
- 3 Hähnchenbrustfilets, gewürfelt
- 350 g Rundkornreis
- einige Safranfäden
- 1,5 l Hühnerbrühe
- 200 g Babymaiskolben
- 60 g geröstete ungesalzene Erdnüsse
- 60 g frisch geriebener Parmesan
- Salz und Pfeffer

**1** Öl und Butter oder Margarine in einem großen Topf erhitzen. Porree und Paprika 1 Minute anbraten, das Hühnerfleisch zugeben und unter Rühren goldbraun anbraten.

**2** Den Reis einrühren und 2–3 Minuten braten.

**3** Den Safran einrühren und mit Salz und Pfeffer abschmecken.

Die Brühe nach und nach zugießen, abdecken und unter gelegentlichem Rühren etwa 20 Minuten bei schwacher Hitze kochen, bis der Reis gar und die meiste Flüssigkeit aufgenommen ist. Den Risotto nicht trocken kochen – bei Bedarf mehr Brühe zugießen.

**4** Mais, Erdnüsse und Parmesan einrühren und abschmecken. Heiß servieren.

### TIPP

*Risottos können ohne den Parmesan bis zu 1 Monat eingefroren werden, müssen aber wegen des Hühnerfleisches gründlich erhitzt werden.*

Blitzgerichte

# Schneller Hühnchenauflauf

*Dieser Auflauf ist herrlich reichhaltig und herzhaft.
Gemüse und Kräuter können Sie nach Ihrer Wahl variieren. Köstlich wird es garantiert.*

**Für 4 Personen**

## ZUTATEN

500 g Hühnerhack
1 große Zwiebel, fein gehackt
2 Karotten, klein gewürfelt
2 EL Mehl
1 EL Tomatenmark

300 ml Hühnerbrühe
1 Prise frisch gehackter Thymian
900 g Kartoffeln, mit Butter und Milch sämig püriert und kräftig abgeschmeckt

90 g halbfester Schnittkäse, gerieben
Salz und Pfeffer
Erbsen, zum Servieren

**1** Fleisch, Zwiebel und Karotten unter ständigem Rühren 5 Minuten in einer beschichteten Pfanne bräunen.

**2** Das Fleisch mit dem Mehl bestäuben und weitere 2 Minuten köcheln.

**3** Nach und nach Tomatenmark und Brühe einrühren und 15 Minuten köcheln. Abschmecken und den Thymian einrühren.

**4** Die Mischung in eine feuerfeste Form geben und abkühlen lassen.

**5** Den Backofen auf 200 °C vorheizen. Das Kartoffelpüree über die Mischung geben und mit dem Käse bestreuen. 20 Minuten im Backofen backen, bis der Käse goldgelb ist. Mit Erbsen servieren.

### VARIATION

*Statt des halbfesten Käses können Sie auch einen gewürzten Käse über den Auflauf streuen. Es gibt eine Reihe von Käsesorten mit Zwiebeln und Schnittlauch, die sich hervorragend zum Überbacken eignen. Alternativ können Sie auch die Käsesorten, die Sie gerade zur Hand haben, mischen.*

# Toms Hühnchenpastete

*In diesem ungewöhnlichen Rezept werden Hühnerfleisch und Mettwürste in einem Eierkuchenteig gebacken und dann wie ein Blechkuchen in kleine Stücke geschnitten.*

Für 4–6 Personen

## ZUTATEN

125 g Mehl  
1 Prise Salz  
1 Ei, verquirlt  

200 ml Milch  
80 ml Wasser  
2 EL Bratfett  

250 g Hähnchenbrustfilet  
250 g pikante Mettwurst  

1 Mehl und Salz in einer Schüssel mischen, eine Mulde in der Mitte formen und das Ei hineingeben.

2 Mit einem Holzlöffel die Hälfte der Milch nach und nach mit dem Mehl verrühren.

3 Die Mischung glatt rühren, dann die restliche Milch und das Wasser zugießen.

4 Die Mischung glatt rühren und mindestens 1 Stunde beiseite stellen. Das Bratfett auf mehrere kleine Pastetenformen verteilen oder in einen Bräter geben.

5 Fleisch und Wurst großzügig aufschneiden und auf die Formen verteilen oder in den Bräter legen.

6 Den Backofen auf 220 °C vorheizen. Die Formen 5 Minuten im Backofen erhitzen. Aus dem Ofen nehmen und so hoch mit dem Teig füllen, dass dieser sich noch ausdehnen kann.

7 Die Formen wieder in den Ofen geben und 35 Minuten backen, bis der Teig goldbraun und aufgegangen ist. Die Ofentür beim Backen mindestens 30 Minuten geschlossen halten.

8 Heiß und mit oder ohne Bratensauce servieren.

### VARIATION

*Sie können auch entbeinte und abgezogene Hähnchenschenkel statt der Hähnchenbrustfilets verwenden und aufschneiden. Nehmen Sie statt der Mettwurst eine andere Wurst.*

# Eintöpfe & Braten

*Durch langes und sanftes Garen wird Fleisch herrlich saftig und entfaltet seinen vollen Geschmack. Da Hühnerfleisch keinen sehr intensiven Eigengeschmack besitzt, lässt es sich mit fast allen Gewürzen und Kräutern kombinieren. Dieses Kapitel präsentiert wunderbare Rezepte aus aller Welt, wie beispielsweise aus Italien, Frankreich, Ungarn, der Karibik und den USA. Zu den klassischen französischen Hühnchengerichten zählen Huhn Bourguignon oder Bretonischer Hühnereintopf.*

*Da der Duft eines gebratenen Hähnchens immer verlockend ist, finden Sie in diesem Kapitel selbstverständlich das traditionelle Brathähnchen, aber auch Hinweise zum Tranchieren und zu vielen anderen Zubereitungsmethoden. Sie können ungewöhnliche Kreationen ausprobieren, wie etwa Füllungen aus Zucchini und Limetten, mit Marmelade oder aus Hafer und Kräutern. Viele Rezepte dieses Kapitels kombinieren Huhn mit dem frischen Geschmack von Früchten, und so finden sich hier köstliche Gerichte mit Preiselbeeren, Äpfeln, Pfirsichen, Orangen und Mangos.*

# Hühnchen-Orangen-Eintopf

*Fettarm und ballaststoffreich ist dieser sowohl gesunde als auch herzhafte Eintopf, der besonders an kalten Wintertagen Erfolge feiern wird.*

Für 4 Personen

## ZUTATEN

8 Hähnchenunterkeulen ohne Haut
1 EL Vollkornmehl
1 EL Olivenöl
2 mittelgroße rote Zwiebeln
1 Knoblauchzehe, zerdrückt
1 TL Fenchelsamen
1 Lorbeerblatt

abgeriebene Schale und Saft von
  1 kleinen Orange
400 g gehackte Tomaten aus
  der Dose
400 g Cannellini- oder Flageolet-
  bohnen aus der Dose, abgetropft
Salz und Pfeffer

BELAG:
3 dicke Scheiben Vollkornbrot
2 TL Olivenöl

1 Die Hähnchenunterkeulen im Mehl wenden. Das Öl in einem beschichteten Topf oder einer Kasserolle erhitzen und die Keulen bei starker Hitze unter häufigem Wenden von allen Seiten goldbraun anbraten. In einen Bräter geben und warm stellen.

2 Die Zwiebeln in dünne Spalten schneiden, in den Topf geben und einige Minuten leicht anbraten. Den Knoblauch einrühren.

3 Fenchelsamen, Lorbeerblatt, Orangenschale und -saft, Tomaten und Bohnen zugeben. Mit Salz und Pfeffer abschmecken.

4 Den Backofen auf 190 °C vorheizen. Das Fleisch abdecken und 30–35 Minuten im Ofen garen, bis beim Einstechen mit einem Messer klarer Fleischsaft austritt.

5 Das Brot in kleine Würfel schneiden und im Öl wälzen.

Den Deckel vom Bräter nehmen, die Brotwürfel über das Fleisch streuen und weitere 15–20 Minuten backen, bis die Brotwürfel knusprig braun sind. Heiß servieren.

### TIPP

*Verwenden Sie Bohnen, die ohne Zucker oder Salz eingelegt sind. Vor Gebrauch abspülen.*

# Pikanter Hühnertopf

*Die Kombination aus Gewürzen, Kräutern, Nüssen, Früchten und Gemüse macht diesen Schmortopf zu einem unvergesslichen Erlebnis.*

**Für 4–6 Personen**

## ZUTATEN

- 3 EL Olivenöl
- 1 kg Hähnchenbrustfilet, in Scheiben geschnitten
- 10 Schalotten, geschält
- 3 Karotten, gehackt
- 60 g Maronen, in Scheiben geschnitten
- 60 g Mandelblättchen, geröstet
- 1 TL frisch geriebene Muskatnuss
- 3 TL Zimt
- 300 ml Weißwein
- 300 ml Hühnerbrühe
- 180 ml Weißweinessig
- 1 EL frisch gehackter Estragon
- 1 EL frisch gehackte glatte Petersilie
- 1 EL frisch gehackter Thymian
- abgeriebene Schale von 1 Orange
- 1 EL Demerara Zucker
- 125 g kernlose rote Trauben, halbiert
- Meersalz und Pfeffer
- frische Kräuter, zum Garnieren
- Naturreis oder Kartoffelpüree, zum Servieren

**1** Das Olivenöl in einem großen Topf erhitzen. Hähnchen, Schalotten und Karotten darin etwa 6 Minuten anbraten, bis sie bräunen.

**2** Die restlichen Zutaten bis auf die Trauben zugeben und 2 Stunden bei schwacher Hitze köcheln, bis das Fleisch sehr zart ist. Dabei gelegentlich umrühren.

**3** Die Trauben kurz vor dem Servieren zugeben und zu Naturreis oder Kartoffelpüree servieren. Mit Kräutern garnieren.

### VARIATION

*Ersetzen Sie die Mandeln durch Sonnenblumen- oder andere Kerne und Nüsse und geben Sie 2 gehackte Aprikosen zu.*

### TIPP

*Zu diesem Gericht passen auch dicke Scheiben ofenfrisches, knuspriges Brot, um die Sauce aufzusaugen.*

Eintöpfe & Braten

# Ländlicher Hühnertopf

*Beim Gedanken an diesen herrlich wärmenden Hühnertopf freut man sich schon fast auf den Winter. Kräuter und Gemüse können Sie nach Ihrem Geschmack variieren.*

Für 4 Personen

## ZUTATEN

4 Hühnerkeulen
6 mittelgroße Kartoffeln, in 5 mm dünne Scheiben geschnitten
Salz und Pfeffer
2 Thymianzweige

2 Rosmarinzweige
2 Lorbeerblätter
200 g durchwachsener Räucherspeck, gewürfelt
1 große Zwiebel, fein gehackt

200 g Karotten, in Scheiben geschnitten
150 ml Stout oder Dunkelbier
25 g Butter, zerlassen

1 Die Hühnerkeulen nach Wunsch häuten.

2 Den Boden einer großen Kasserolle mit einer Lage Kartoffelscheiben bedecken. Mit Salz, Pfeffer, Thymian, Rosmarin und Lorbeerblättern würzen.

3 Die Hühnerkeulen auflegen und mit Speckwürfeln, Zwiebel und Karotten bedecken. Kräftig würzen und mit den restlichen Kartoffelscheiben so bedecken, dass sie sich leicht überlappen.

4 Mit Bier übergießen. Die Kartoffeln mit der Butter bestreichen und die Kasserolle abdecken. Den Backofen auf 150 °C vorheizen. Die Kasserolle 2 Stunden garen, dann aufdecken und weitere 30 Minuten garen, bis die Kartoffeln gebräunt sind. Heiß servieren.

## TIPP

*Mit Klößen wird dieser Hühnchentopf zu einem herzhaften Gericht.*

## VARIATION

*Sie können dieses Gericht auch mit Lammfleisch zubereiten. Variieren Sie die Gemüsesorten je nach dem frischen Angebot der Saison: Porree und Steckrüben geben einen etwas süßeren Geschmack.*

Eintöpfe & Braten

# Hühnerfrikassee in Limettensauce

*Dieses exotische Hühnerfrikassee besticht durch den erfrischenden Geschmack von Limettensaft und -schale.*

Für 4 Personen

## ZUTATEN

1 großes Hähnchen, in Stücken
50 g Mehl, mit Salz und Pfeffer gewürzt
2 EL Öl
500 g junge Zwiebeln oder Schalotten, in Ringe geschnitten

1 grüne und 1 rote Paprika, in dünne Streifen geschnitten
150 ml Hühnerbrühe
Saft und abgeriebene Schale von 2 Limetten

2 Chillies, gehackt
2 EL Austernsauce
1 TL Worcestersauce
Salz und Pfeffer

1 Die Fleisch gleichmäßig im Mehl wenden. Das Öl in einer großen Pfanne erhitzen und das Fleisch etwa 4 Minuten rundum goldbraun anbraten.

2 Das Hühnerfleisch mit einem Pfannenwender in einen großen, tiefen Bräter geben, mit Zwiebeln bestreuen und warm stellen.

3 Die Paprika langsam im Bratensaft in der Pfanne andünsten.

4 Mit Hühnerbrühe, Limettensaft und -schale übergießen und weitere 5 Minuten garen.

5 Chillies, Austernsauce und Worcestersauce zufügen und dann mit Salz und Pfeffer abschmecken.

6 Paprika und Sauce über das Fleisch geben.

7 Den Bräter mit Deckel oder Alufolie abdecken.

8 Den Backofen auf 190 °C vorheizen. Etwa 1½ Stunden im Backofen auf mittlerer Schiene garen, bis das Hühnerfleisch zart ist. Sofort servieren.

### TIPP

*Dieser Eintopf schmeckt auch hervorragend mit Käse überbacken: Bestreuen Sie den Eintopf etwa 30 Minuten vor Ende der Garzeit mit geriebenem Käse und lassen Sie ihn aufgedeckt fertig garen.*

# Huhn Bourguignon

*Am besten gelingt dieses von einem traditionellen französischen Gericht inspirierte Rezept mit einem richtig guten Wein.*

Für 4–6 Personen

## ZUTATEN

- 4 EL Sonnenblumenöl
- 900 g Hühnerfleisch, gewürfelt
- 250 g Champignons
- 125 g durchwachsener Räucherspeck, gewürfelt
- 16 Schalotten
- 2 Knoblauchzehen, zerdrückt
- 1 EL Mehl
- 150 ml weißer Burgunder
- 150 ml Hühnerbrühe
- 1 Bouquet garni
- Salz und Pfeffer
- knusprige Croûtes und verschiedene gekochte Gemüse nach Wahl, zum Garnieren

**1** Das Sonnenblumenöl in einem Topf erhitzen und das Hühnerfleisch rundum anbraten. Mit einem Schaumlöffel aus dem Topf heben.

**2** Champignons, Speck, Schalotten und Knoblauch in den Topf geben und 4 Minuten anbraten.

**3** Das Fleisch wieder zufügen und mit Mehl bestäuben. Unter ständigem Rühren weitere 2 Minuten anschwitzen.

**4** Wein und Hühnerbrühe zugießen und unter Rühren aufkochen. Das Bouquet garni zufügen und kräftig mit Salz und Pfeffer abschmecken.

**5** Den Backofen auf 150 °C vorheizen. Abdecken und ca. 1½ Stunden im Ofen auf mittlerer Schiene garen. Das Bouquet garni herausnehmen. Herzförmige Croûtes (etwa 8 Stück) in Bratfett knusprig braten und mit dem Fleisch servieren.

### TIPP

*Anstelle des Weißweins können Sie einen guten Rotwein verwenden, der eine kräftige Sauce ergibt.*

# Hühnchen-Bauerntopf

*Dieser deftige Bauerntopf braucht keine zusätzliche Beilage in Form von Kartoffeln oder Reis. Mit den knusprig gerösteten Baguettescheiben können Sie die Sauce wunderbar aufsaugen.*

Für 4 Personen

## ZUTATEN

- 2 EL Sonnenblumenöl
- 4 Hühnerteile
- 16 kleine Zwiebeln, geschält
- 3 Selleriestangen, in Scheiben geschnitten
- 400 g Kidney-Bohnen aus der Dose
- 4 mittelgroße Tomaten, geviertelt
- 200 ml trockener Cidre oder Hühnerbrühe
- 4 EL frisch gehackte Petersilie
- Salz und Pfeffer
- 1 TL Paprikapulver
- 60 g Butter
- 12 Scheiben Baguette

**1** Das Öl in einem Topf erhitzen und je zwei Hühnerteile rundum goldbraun anbraten. Mit einem Schaumlöffel herausheben und beiseite stellen.

**2** Die Zwiebeln in den Topf geben und unter gelegentlichem Rühren goldbraun anbraten. Den Sellerie zufügen und weitere 2–3 Minuten braten. Das Fleisch wieder zugeben und Bohnen, Tomaten, Cidre oder Brühe, die Hälfte der Petersilie, Salz und Pfeffer zufügen und rühren. Mit Paprika bestreuen.

**3** Den Backofen auf 200 °C vorheizen. Den Eintopf abdecken und 25 Minuten garen, bis beim Anstechen klarer Fleischsaft austritt.

**4** Die restliche Petersilie mit der Butter verkneten und das Brot damit bestreichen.

**5** Den Topf aufdecken, den Eintopf mit dem Brot überlappend belegen und weitere 10–12 Minuten knusprig überbacken.

### TIPP

*Kneten Sie auch Knoblauch mit in die Petersilienbutter.*

### VARIATION

*Bestreichen Sie die Baguettescheiben für eine italienische Variante mit Pesto (s. S. 208).*

# Ungarisches Hühnergulasch

*Traditionellerweise wird Gulasch aus Rindfleisch hergestellt, doch lässt es sich auch mit Hühnerfleisch zubereiten. Sie werden begeistert sein!*

### Für 6 Personen

## ZUTATEN

900 g Hühnerfleisch, gewürfelt
60 g Mehl, mit 1 TL Paprikapulver, Salz und Pfeffer gewürzt
2 EL Olivenöl
25 g Butter
1 Zwiebel, in Ringe geschnitten
24 Schalotten, geschält

je 1 rote und grüne Paprika, gehackt
1 EL Paprikapulver
1 TL Rosmarin, zerstoßen
4 EL Tomatenmark
300 ml Hühnerbrühe
150 ml trockener Rotwein

400 g gehackte Tomaten aus der Dose
150 g saure Sahne
1 EL frisch gehackte Petersilie, zum Garnieren
knuspriges Brot und grüner Salat, zum Servieren

1 Das Hühnerfleisch im Würzmehl wenden, bis es gleichmäßig bedeckt ist.

2 Öl und Butter in einem Topf erhitzen und Zwiebel, Schalotten und Paprika 3 Minuten anbraten.

3 Das Hühnerfleisch zufügen und weitere 4 Minuten braten.

4 Mit Paprikapulver und Rosmarin bestreuen.

5 Den Backofen auf 160 °C vorheizen. Tomatenmark, Brühe, Rotwein und gewürfelte Tomaten zugeben. Abdecken und 1½ Stunden im Ofen auf mittlerer Schiene garen.

6 Aus dem Ofen nehmen und 4 Minuten stehen lassen. Dann die saure Sahne einrühren und mit Petersilie garnieren.

7 Mit knusprigem Brot und einem grünen Salat servieren.

### VARIATION

*Sie können das Gulasch auch mit in Butter geschwenkten Bandnudeln servieren. Verwenden Sie am besten ungarischen Rotwein.*

Eintöpfe & Braten

# Hühnchenschmortopf mit Rosmarinklößen

*Wurzelgemüsesorten wie Karotten, Pastinaken und weiße Rüben sind nahrhaft und meist nicht teuer. Kombiniert mit zartem Huhn ergeben sie einen reichhaltigen Schmortopf.*

Für 4 Personen

## ZUTATEN

4 Hühnerteile
2 EL Sonnenblumenöl
2 mittelgroße Porreestangen
250 g Karotten, gehackt
250 g Pastinaken, gehackt

2 kleine weiße Rüben, gehackt
600 ml Hühnerbrühe
3 EL Worcestersauce
2 frische Rosmarinzweige
Salz und Pfeffer

KLÖSSE:
200 g Mehl
2 TL Backpulver
100 g gehackter Rindertalg
1 EL frisch gehackte Rosmarinblätter
kaltes Wasser, zum Verkneten

**1** Die Hühnerteile nach Wunsch häuten. Das Öl in einem großen Topf oder Bräter erhitzen und die Hühnerteile rundum goldbraun anbraten. Mit einem Schaumlöffel herausnehmen und überschüssiges Fett abtropfen lassen.

**2** Den Porree putzen und in Scheiben schneiden. Mit Karotten, Pastinaken und Rüben im Topf 5 Minuten leicht anrösten. Das Hühnerfleisch wieder zugeben.

**3** Hühnerbrühe, Worcestersauce, Rosmarin, Salz und Pfeffer zugeben und aufkochen.

**4** Die Temperatur reduzieren, abdecken und 50 Minuten leicht köcheln, bis beim Anstechen klarer Fleischsaft austritt.

**5** Für die Klöße Mehl, Rindertalg, Rosmarinblätter, Salz und Pfeffer in einer Schüssel mit Wasser zu einem festen Teig verkneten.

**6** Den Teig zu 8 kleinen Kugeln formen und auf das Fleisch geben. Abdecken und weitere 10–12 Minuten kochen, bis die Klöße aufgegangen sind.

**7** Den Schmortopf aus dem Topf mit den Rosmarinklößen servieren.

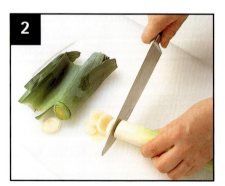

Eintöpfe & Braten

# Huhn in exotischer Pilz-Ingwer-Sauce

*Diesem orientalisch angehauchten Rezept können Sie durch die Zugabe von gehackten Frühlingszwiebeln, Zimt und Zitronengras noch mehr Pfiff geben.*

### Für 6–8 Personen

## ZUTATEN

- 6 EL Sesamöl
- 1 kg Hühnerfleisch
- 4 EL Mehl, mit Salz und Pfeffer gewürzt
- 10 Schalotten, in Scheiben geschnitten
- 500 g braune Champignons, grob gehackt
- 300 ml Hühnerbrühe
- 1 EL Honig
- 2 EL Worcestersauce
- 2 EL frisch geriebener Ingwer
- Salz und Pfeffer
- 150 g Naturjoghurt
- Wild- und weißer Reis, zum Servieren
- glatte Petersilie, zum Garnieren

**1** Das Öl in einer großen Pfanne erhitzen. Das Fleisch im Mehl wenden und etwa 4 Minuten rundum bräunen. In einen hohen Topf geben und warm stellen.

**2** Schalotten und Champignons im Bratensaft sanft anbraten.

**3** Hühnerbrühe, Honig, Worcestersauce und Ingwer zugeben und mit Salz und Pfeffer abschmecken.

**4** Den Backofen auf 150 °C vorheizen. Die Mischung über das Fleisch geben und den Topf mit einem Deckel oder Alufolie abdecken.

**5** Auf mittlerer Schiene etwa 1½ Stunden garen, bis das Fleisch sehr zart ist. Den Joghurt zugeben und weitere 10 Minuten garen. Mit einer Mischung aus Wildreis und weißem Reis und mit frischer Petersilie garniert servieren.

### TIPP

*Champignons halten sich im Kühlschrank 24–36 Stunden. Verwenden Sie zur Aufbewahrung Papiertüten, da die Pilze in Plastiktüten „schwitzen". Man muss sie nicht schälen, sondern nur abbürsten.*

Eintöpfe & Braten

# Jamaikanischer Hühnereintopf

*Eintöpfe eignen sich immer gut für ein Familienessen oder aber für hungrige Partygäste. Dieses exotische Gericht hat ein angenehmes Ingweraroma.*

Für 4 Personen

## ZUTATEN

2 EL Sonnenblumenöl
4 Hähnchenunterkeulen
4 Hähnchenschenkel
1 mittelgroße Zwiebel
750 g Kürbis

1 grüne Paprika
1,5-cm-Stück frische Ingwerwurzel, fein gehackt
400 g gehackte Tomaten aus der Dose
300 ml Hühnerbrühe

60 g Linsen, geschält
Knoblauchsalz
Cayennepfeffer
350 g Mais aus der Dose
ofenfrisches Brot, zum Servieren

1 Das Öl in einem großen Topf erhitzen und das Hühnerfleisch darin unter häufigem Wenden rundum goldbraun anbraten.

2 Die Zwiebel schälen und mit einem scharfen Messer in Streifen schneiden. Den Kürbis schälen und würfeln. Die Paprika entkernen und in Streifen schneiden.

3 Überschüssiges Fett aus dem Topf abgießen. Zwiebel, Kürbis und Paprika zugeben und einige Minuten leicht anbraten.

Ingwer, Tomaten, Hühnerbrühe und Linsen zufügen und mit Knoblauchsalz und Cayennepfeffer leicht würzen.

4 Den Backofen auf 190 °C vorheizen. Alles abdecken und 1 Stunde im Ofen garen, bis das Gemüse zart ist und beim Anstechen des Hühnerfleischs klarer Fleischsaft austritt.

5 Den Mais zufügen und 5 Minuten garen. Würzen und mit ofenfrischem Brot servieren.

### VARIATION

*Wenn Sie keine frische Ingwerwurzel erhalten, verwenden Sie für ein herzhaftes Aroma 1 TL Piment.*

### VARIATION

*Wenn Sie keinen Kürbis finden, können Sie auch Steckrüben verwenden.*

# Hühnerkasserolle mit Knoblauch

*Sparen Sie Zeit und verwenden Sie für dieses Gericht einfach Bohnen aus der Dose. Cannellini-Bohnen sind weiß und von mittlerer Größe, Borlotti-Bohnen sind dunkelrot und leicht gestreift.*

Für 4 Personen

## ZUTATEN

4 EL Sonnenblumenöl
900 g Hühnerfleisch, gewürfelt
250 g Champignons, in Scheiben
16 Schalotten, geschält
6 Knoblauchzehen, zerdrückt
1 EL Mehl

250 ml Weißwein
250 ml Hühnerbrühe
1 Bouquet garni (1 Lorbeerblatt, Thymianzweige, 1 Selleriestange, Petersilie und Salbei, zusammengebunden)

Salz und Pfeffer
400 g Borlotti- oder Cannellini-Bohnen
gelbe und grüne Patisson-Kürbisse, zum Servieren

**1** Das Sonnenblumenöl in einem Topf erhitzen und das Hühnerfleisch darin rundum goldbraun anbraten. Mit einem Schaumlöffel herausnehmen und beiseite stellen.

**2** Champignons, Schalotten und Knoblauch 4 Minuten im Öl dünsten.

**3** Das Hühnerfleisch wieder in den Topf geben, mit Mehl bestreuen und weitere 2 Minuten braten.

**4** Weißwein und Hühnerbrühe zugießen und unter Rühren aufkochen. Das Bouquet garni zufügen und abschmecken.

**5** Die Bohnen abgießen, waschen, abtropfen und zugeben.

**6** Den Backofen auf 150 °C vorheizen. Den Topf abdecken und 2 Stunden im Ofen auf mittlerer Schiene garen. Das Bouquet garni herausnehmen und den Eintopf mit gekochten Patisson-Kürbissen servieren.

### TIPP

*Pilze eignen sich gut für die fettarme Ernährung, da sie einen starken Geschmack haben, aber kein Fett enthalten.*

### TIPP

*Mit Vollkornreis serviert wird dieses Gericht noch reichhaltiger.*

Eintöpfe & Braten

# Englisches Bierhuhn

*Dieser englische Eintopf ist genau das Richtige an einem kalten Wintertag. Käsetoasts sind eine ideale Beilage, doch Sie können auch Ofenkartoffeln zum Huhn servieren.*

Für 4–6 Personen

## ZUTATEN

4 große Hähnchenschenkel ohne Haut
2 EL Mehl
2 EL Senfpulver
2 EL Sonnenblumenöl
15 g Butter

4 kleine Zwiebeln
600 ml Bier
2 EL Worcestersauce
Salz und Pfeffer
3 EL frisch gehackte Salbeiblätter

KÄSETOASTS:
60 g reifer Cheddar, gerieben
1 TL Senfpulver
1 TL Mehl
1 TL Worcestersauce
1 EL Bier
2 Scheiben Vollkorntoast

**1** Die Hähnchenschenkel von überschüssigem Fett befreien und gleichmäßig in dem mit Senfpulver vermischten Mehl wenden. Sonnenblumenöl und Butter in einem großen Topf erhitzen und die Schenkel unter gelegentlichem Wenden bei starker Hitze rundum goldbraun anbraten. Mit einem Schaumlöffel aus dem Topf heben und warm stellen.

**2** Die Zwiebeln schälen, in Spalten schneiden und bei starker Hitze goldbraun anbraten. Hähnchen, Bier und Worcestersauce zufügen und mit Salz und Pfeffer abschmecken. Zum Kochen bringen, abdecken und ca. 1½ Stunden sanft köcheln, bis das Fleisch zart ist.

**3** Unterdessen Cheddar, Senfpulver, Mehl, Worcestersauce und Bier mischen und die Toastscheiben damit bestreichen. Unter dem Backofengrill 1 Minute überbacken und in Dreiecke schneiden.

**4** Die Salbeiblätter in den Hähnchentopf rühren, aufkochen und mit den Käsetoasts servieren.

## TIPP

*Finden Sie keinen frischen Salbei, fügen Sie 2 TL getrockneten zu.*

Eintöpfe & Braten

# Bretonischer Hühnereintopf

*Dieser herzhafte Eintopf hat eine recht lange Garzeit. Machen Sie deshalb einfach die doppelte Menge und frieren Sie einen Teil zum späteren Verzehr ein.*

Für 6 Personen

## ZUTATEN

500 g Bohnen (z. B. Flageolet), über Nacht eingeweicht und abgetropft
25 g Butter
2 EL Olivenöl
3 Scheiben Frühstücksspeck, gehackt

900 g Hühnerteile
1 EL Mehl
300 ml Cidre
150 ml Hühnerbrühe

Salz und Pfeffer
14 Schalotten
2 EL Honig, erwärmt
250 g Rote Bete, vorgekocht

1 Die Bohnen 25 Minuten in kochendem Salzwasser garen.

2 Butter und Olivenöl in einem Topf erhitzen und Speck und Fleisch darin 5 Minuten rundum anbraten.

3 Mit dem Mehl bestreuen und Cidre und Brühe unter Rühren zugießen, damit das Mehl keine Klumpen bildet. Mit Salz und Pfeffer abschmecken und aufkochen.

4 Den Backofen auf 160 °C vorheizen. Die Bohnen in den Topf geben, mit Deckel oder Alufolie abdecken und 2 Stunden im Ofen garen.

5 Den Topf 15 Minuten vor Ende der Garzeit aufdecken.

6 Die Schalotten mit dem Honig in eine Pfanne geben und unter häufigem Wenden etwa 5 Minuten bei schwacher Hitze glasieren.

7 Schalotten und Rote Bete in den Topf geben und die restlichen 15 Minuten mitgaren.

### TIPP

*Sie können auch Bohnen aus der Dose verwenden. Abtropfen, waschen und zum Fleisch geben.*

Eintöpfe & Braten

# Mediterraner Hühnertopf

*Wenn es draußen mal regnet, dann holen Sie sich die Sonne ins Haus! Mit diesem farbenfrohen Hühnertopf können Sie in Ihrer Küche ein mediterranes Flair zaubern.*

Für 4 Personen

## ZUTATEN

- 8 Hähnchenschenkel
- 2 EL Olivenöl
- 1 mittelgroße rote Zwiebel, in Ringe geschnitten
- 2 Knoblauchzehen, zerdrückt
- 1 große rote Paprika, in dünne Streifen geschnitten
- abgeriebene Schale und Saft von 1 kleinen Orange
- 125 ml Hühnerbrühe
- 400 g gehackte Tomaten aus der Dose
- 25 g sonnengetrocknete Tomaten, in dünne Streifen geschnitten
- 1 EL frisch gehackter Thymian
- 50 g entsteinte schwarze Oliven
- Salz und Pfeffer
- Thymianzweige und Orangenzesten, zum Garnieren
- ofenfrisches Brot, zum Servieren

**1** Die Hähnchenschenkel unter gelegentlichem Wenden in einer großen beschichteten Pfanne ohne Fett bei starker Hitze rundum goldbraun anbraten. Mit einem Schaumlöffel aus der Pfanne heben, überschüssiges Fett abtropfen und in einen Topf geben.

**2** Zwiebel, Knoblauch und Paprika in die Pfanne geben und 3–4 Minuten bei mittlerer Hitze andünsten. In den Topf geben.

**3** Orangenschale und -saft, Brühe, Dosentomaten und sonnengetrocknete Tomaten zufügen und gründlich einrühren.

**4** Zum Kochen bringen, den Deckel auflegen und unter gelegentlichem Rühren etwa 1 Stunde bei schwacher Hitze köcheln. Den Thymian und die Oliven zufügen und dann kräftig mit Salz und Pfeffer abschmecken.

**5** Mit Thymian und Orangenzesten garnieren und mit ofenfrischem Brot servieren.

### TIPP

*Sonnengetrocknete Tomaten sind fest und haben einen intensiven Geschmack, der Eintöpfen ein herrliches Aroma verleiht.*

# Französisches Madeirahuhn

*Madeiraweine sind in der Regel Verschnitte verschiedener Jahrgänge. Man kann sie – je nach Rebsorte – sowohl für Süßspeisen als auch für herzhafte Gerichte verwenden.*

Für 4 Personen

## ZUTATEN

- 25 g Butter
- 20 Perlzwiebeln
- 250 g Karotten, in Scheiben geschnitten
- 250 g durchwachsener Räucherspeck, gewürfelt
- 250 g Champignons
- 1 Poularde (ca. 1,5 kg)
- 425 ml Weißwein
- 25 g Mehl, mit Salz und Pfeffer gewürzt
- 425 ml Hühnerbrühe
- Salz und Pfeffer
- 1 Bouquet garni
- 150 ml Madeira
- Kartoffelpüree oder Nudeln, zum Servieren

1 Die Butter in einer großen Pfanne zerlassen und Zwiebeln, Karotten, Speck und Champignons unter häufigem Rühren 3 Minuten dünsten. In eine große Kasserolle geben.

2 Die Poularde in der Pfanne rundum goldbraun anbraten. Dann in den Topf auf das Gemüse geben.

3 Den Weißwein zugießen, aufkochen und fast vollständig einkochen lassen.

4 Unter Rühren mit dem Mehl bestreuen, damit es keine Klumpen bildet.

5 Die Hühnerbrühe zugießen, mit Salz und Pfeffer abschmecken und das Bouquet garni zufügen. Abdecken und 2 Stunden kochen. Etwa 30 Minuten vor Ende der Garzeit den Madeira zugießen und aufgedeckt fertig kochen.

6 Die Poularde tranchieren und mit Kartoffelpüree oder Nudeln servieren.

## TIPP

*Dieses Rezept können Sie mit verschiedensten Kräutern zubereiten. In Frankreich ist Kerbel sehr beliebt. Er sollte erst kurz vor Ende der Garzeit zugefügt werden, da er sonst sein Aroma verliert.*

Eintöpfe & Braten

# Hühnchen-Cobbler

*„Cobbler" ist eigentlich der englische Ausdruck für Schuhflicker. In den USA versteht man unter „Cobbler" ein mit Teig überbackenes Gericht.*

Für 4 Personen

## ZUTATEN

8 Hähnchenunterkeulen ohne Haut
1 EL Öl
1 kleine Zwiebel, in Ringe geschnitten
350 g junge Karotten
2 junge weiße Rüben
120 g dicke Bohnen oder Erbsen
1 TL Speisestärke

300 ml Hühnerbrühe
2 Lorbeerblätter
Salz und Pfeffer

BELAG:
250 g Vollkornmehl
2 TL Backpulver

25 g Sonnenblumenmargarine
2 TL körniger Senf
60 g Gouda, gerieben
Magermilch, zum Vermischen
Sesamsaat, zum Bestreuen

**1** Das Hühnerfleisch im Öl unter mehrfachem Wenden rundum goldgelb anbraten. Gut abtropfen lassen und in einen ofenfesten Topf geben. Die Zwiebel 2 Minuten im Öl dünsten.

**2** Karotten und Rüben putzen, in gleich große Stücke schneiden und mit Zwiebel und Bohnen oder Erbsen in den Topf geben.

**3** Die Speisestärke mit ein wenig Brühe verrühren, dann die restliche Brühe zugießen und unter Rühren sanft zum Kochen bringen. Zum Fleisch gießen, Lorbeerblätter zufügen und mit Salz und Pfeffer würzen.

**4** Den Backofen auf 200 °C vorheizen. Abdecken und 50–60 Minuten im Ofen garen, bis beim Anstechen klarer Fleischsaft austritt.

**5** Mehl und Backpulver in eine Schüssel sieben. Nacheinander Margarine, Senf und Käse einkneten und mit Milch zu einem weichen Teig verarbeiten.

**6** Ausrollen und mit einer 4-cm-Ausstechform 16 Kreise ausstechen. Plätzchen auf das Fleisch legen, mit Milch bestreichen und mit Sesamsaat bestreuen. Weitere 20 Minuten backen, bis die Plätzchen goldbraun und fest sind.

# Californiahuhn

*Am besten gelingt dieses Gericht, wenn Sie sich die Zeit nehmen, das Huhn komplett zu entbeinen. Als Alternative können Sie Hähnchenbrustfilets verwenden.*

### Für 4–6 Personen

## ZUTATEN

180 g Mehl
1 TL Paprikapulver
1 TL italienische Gewürzmischung
1 TL Estragon
1 TL frischer Rosmarin, fein gehackt
2 Eier, verquirlt

120 ml Milch
1 Poularde (ca. 2 kg), zerteilt
Mehl, mit Salz und Pfeffer gewürzt
150 ml Rapsöl
2 Bananen, geviertelt
1 Apfel, in Ringe geschnitten

350 g Mais aus der Dose, abgetropft
Öl, zum Braten
Salz und Pfeffer
Brunnenkresse und Pfeffer- oder Meerrettichsauce, zum Servieren

1 Mehl, Gewürze, Kräuter und 1 Prise Salz in einer Schüssel vermischen. Eine Mulde ins Mehl drücken und die Eier hineingeben.

2 Mischen und unter kräftigem Rühren Milch zugießen, bis ein dickflüssiger Teig entsteht.

3 Die Hühnerteile im Würzmehl wenden und dann in den Teig tauchen.

4 Das Öl in einer großen Pfanne erhitzen und das Fleisch darin 3 Minuten rundum leicht anbraten. Auf ein mit Küchenpapier ausgelegtes Backblech geben.

5 Bananenviertel und Apfelringe in den Teig tauchen und anschließend 2 Minuten von beiden Seiten ausbacken.

6 Den Mais in den restlichen Teig geben.

7 Etwas Öl in einer Pfanne erhitzen, mit einem Löffel den Maisteig in die Pfanne geben und zu Plätzchen drücken. Von beiden Seiten je 4 Minuten backen. Bananen, Äpfel und Maisplätzchen warm stellen.

8 Den Backofen auf 200 °C vorheizen. Die Poularde 25 Minuten im Ofen goldbraun backen.

9 Fleisch, Maisplätzchen, Bananen und Apfelringe auf einem Bett aus Brunnenkresse anrichten und mit Pfeffer- oder Meerrettichsauce servieren.

# Hühnchen mit Perlzwiebeln & Erbsen

*Fetter Schweinespeck verleiht dem Gericht einen herzhaften Geschmack. Falls keine frischen Erbsen zur Hand sind, können Sie auch tiefgefrorene verwenden.*

Für 4 Personen

## ZUTATEN

250 g fetter Speck, klein gewürfelt
60 g Butter
16 Perlzwiebeln oder Schalotten

1 kg Hühnerteile ohne Knochen
25 g Mehl
600 ml Hühnerbrühe

1 Bouquet garni
500 g frische Erbsen
Salz und Pfeffer

1 Den Speck 3 Minuten in einem Topf mit kochendem Salzwasser blanchieren, abgießen und auf Küchenpapier abtropfen lassen.

2 Die Butter in einer großen Pfanne zerlassen, Speck und Zwiebeln zugeben und unter häufigem Rühren 3 Minuten leicht anbräunen.

3 Den Speck aus der Pfanne nehmen und beiseite stellen. Die Hühnerteile in die Pfanne geben und rundum goldbraun anbraten. Dann in einen ofenfesten Topf geben.

4 Das Mehl in die Pfanne geben und unter ständigem Rühren leicht anbräunen. Dann langsam die Hühnerbrühe zugießen und verrühren.

5 Den Backofen auf 200 °C vorheizen. Sauce und Bouquet garni über das Fleisch geben und 35 Minuten im Ofen garen.

6 Das Bouquet garni etwa 10 Minuten vor Ende der Garzeit herausnehmen. Erbsen, Speck und Zwiebeln im Topf verrühren.

7 Das Fleisch mit Speck, Erbsen und Zwiebeln auf einem Servierteller anrichten.

### TIPP

*Eine fettärmere Variante können Sie mit magerem Speck zubereiten.*

# Festliches Apfelhuhn

*Ein im Ganzen gebratenes Huhn ist immer ein Festessen.
Besonders wenn es wie hier auch noch so köstlich gefüllt ist.*

Für 6 Personen

## ZUTATEN

1 Poularde (ca. 2 kg)
Öl, zum Bestreichen
2 Tafeläpfel, Kerngehäuse ausgestochen und in Spalten
15 g Butter
1 EL rotes Johannisbeergelee
gemischtes Gemüse, zum Servieren

FÜLLUNG:
15 g Butter
1 kleine Zwiebel, fein gehackt
60 g Champignons, fein gehackt
60 g Räucherschinken, fein gehackt
25 g frische Semmelbrösel
1 EL frisch gehackte Petersilie

1 fester Tafelapfel, Kerngehäuse ausgestochen
1 EL Zitronensaft
Salz und Pfeffer

**1** Für die Füllung die Butter in einer Pfanne zerlassen und die Zwiebel unter Rühren darin andünsten, aber nicht bräunen. Die Champignons zufügen und weitere 2–3 Minuten dünsten. Vom Herd nehmen und Schinken, Semmelbrösel und Petersilie einrühren.

**2** Den Apfel mit Schale grob reiben. Apfel und Zitronensaft mit der restlichen Füllung mischen und abschmecken.

**3** Die Brusthaut der Poularde lösen und die Füllung vorsichtig mit einem Löffel darunter schieben. Die Haut anschließend mit der Hand vorsichtig glatt streichen.

**4** Die Poularde in einen Bräter geben und leicht mit Öl bestreichen.

**5** Den Backofen auf 190 °C vorheizen. Das Huhn etwa 25 Minuten pro 500 g plus 25 Minuten im Ofen braten, bis beim Anstechen klarer Fleischsaft austritt. Wenn die Poularde zu stark bräunen sollte, mit etwas Alufolie abdecken.

**6** Die Apfelspalten in Butter in der Pfanne langsam goldgelb glasieren. Den Johannisbeergelee zufügen und leicht erhitzen, bis er verläuft. Anschließend die Poularde mit den Apfelspalten garnieren und mit gemischtem Gemüse servieren.

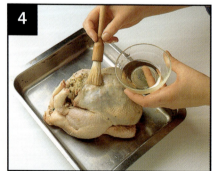

Eintöpfe & Braten

# Brathähnchen mit Koriander & Knoblauch

*Dieses appetitliche Hähnchen wird mit einer köstlichen Marinade überzogen und im Ofen gegart. Für eine leichtere Variante servieren Sie das Gericht mit Reis, Joghurt und Salat.*

### Für 4–6 Personen

## ZUTATEN

- 3 frische Korianderzweige, gehackt
- 4 Knoblauchzehen, geschält
- ½ TL Salz
- 1 TL Pfeffer
- 4 EL Zitronensaft
- 4 EL Olivenöl
- 1 großes Hähnchen
- Pfeffer
- 1 frischer Petersilienzweig, zum Garnieren
- gekochte Kartoffeln und Karotten, zum Servieren

**1** Koriander, Knoblauch, Salz, Pfeffer, Zitronensaft und Olivenöl im Mörser oder Mixer zerkleinern. 4 Stunden kalt stellen, damit sich das Aroma entfalten kann.

**2** Das Hähnchen in einen Bräter geben und großzügig mit der Kräutermischung bestreichen.

**3** Den Backofen auf 190 °C vorheizen. Das Hähnchen mit Pfeffer bestreuen und 1½ Stunden im Ofen auf unterer Schiene braten. Alle 20 Minuten mit der Kräutermischung bestreichen. Wenn das Hähnchen zu stark bräunt, mit Alufolie abdecken. Mit frischer Petersilie garnieren und mit Kartoffeln und Karotten servieren.

### TIPP

*Zum Zerreiben kleiner Gewürzmengen eignet sich der Mörser am besten, da er klein ist und dadurch wenig im Gefäß zurückbleibt.*

### VARIATION

*Sie können den Koriander durch viele verschiedene Kräuter ersetzen. Estragon und Thymian passen z. B. sehr gut zu Hähnchen.*

Eintöpfe & Braten

# Fetahuhn mit Bergkräutern

*Huhn harmoniert eigentlich mit fast allen frischen Kräutern. Besonders aromatisch sind diese natürlich im Sommer. Hier werden sie mit Feta und sonnenreifen Tomaten kombiniert.*

**Für 4 Personen**

## ZUTATEN

8 Hähnchenschenkel ohne Knochen
je 2 EL frisch gehackter Thymian, Rosmarin und Oregano
120 g Feta
Salz und Pfeffer
1 EL Milch
2 EL Mehl

frischer Thymian, Rosmarin und Oregano, zum Garnieren

TOMATENSAUCE:
1 mittelgroße Zwiebel, grob gehackt
1 Knoblauchzehe, zerdrückt
1 EL Olivenöl

4 mittelgroße Eiertomaten, geviertelt
je 1 Zweig frischer Thymian, Rosmarin und Oregano
Salz und Pfeffer

**1** Das Hühnerfleisch mit der Außenseite nach unten auf einem Brett ausbreiten.

**2** Die Kräuter gleichmäßig auf den Hähnchenschenkeln verteilen. Den Käse in 8 Streifen schneiden. Dann jedes Stück Hühnerfleisch mit einem Stück Käse belegen und mit Salz und Pfeffer würzen. Anschließend das Fleisch um den Käse herum aufrollen.

**3** Die Röllchen in einen Bräter geben, mit Milch bestreichen und mit Mehl bestreuen.

**4** Den Backofen auf 190 °C vorheizen. 25–30 Minuten im Ofen goldbraun backen, bis beim Anstechen klarer Fleischsaft austritt.

**5** Unterdessen für die Sauce Zwiebel und Knoblauch in Olivenöl andünsten und zart bräunen.

**6** Die Tomaten zufügen, die Hitze reduzieren, abdecken und 15–20 Minuten köcheln, bis die Tomaten gar sind.

**7** Die Kräuter zufügen und die Sauce im Mixer glatt pürieren. Anschließend alles durch ein Sieb passieren. Die Sauce mit Salz und Pfeffer abschmecken. Die gefüllten Fleischstücke mit den Kräutern garnieren und mit der Sauce servieren.

Eintöpfe & Braten

# Stubenküken mit Trockenobst

*Ein Stubenküken eignet sich wunderbar als Portion für eine Person und lässt sich schnell zubereiten. Falls Sie nur für sich selbst kochen, empfiehlt sich die Zubereitung in der Mikrowelle.*

Für 2 Personen

## ZUTATEN

125 g getrocknete Äpfel, Pfirsiche und Pflaumen
120 ml kochendes Wasser
2 Stubenküken

25 g Walnusshälften
1 EL Honig
1 TL gemahlener Piment
1 EL Walnussöl

Salz und Pfeffer
frisches Gemüse und neue Kartoffeln, zum Servieren

1 Das Trockenobst in einer Schüssel mit dem kochenden Wasser bedecken und mindestens 30 Minuten quellen lassen.

2 Die Stubenküken nach Wunsch mit einem scharfen Messer entlang dem Brustbein halbieren oder ganz lassen.

3 Das gequollene Obst samt Obstsaft in der Schüssel mit Walnusshälften, Honig und Piment vermischen und auf zwei Backschläuche oder große Quadrate aus Alufolie verteilen.

4 Die Stubenküken mit Walnussöl bestreichen, mit Salz und Pfeffer würzen und auf das Obst geben.

5 Den Backofen auf 190 °C vorheizen. Die Backschläuche verschließen oder die Alufolie zufalten und auf ein Backblech legen. 25–30 Minuten im Ofen garen, bis beim Anstechen klarer Fleischsaft austritt. Für die Zubereitung in der Mikrowelle, Stubenküken in Mikrowellen-Bratschläuche geben und auf hoher Stufe je nach Größe jeweils 6–7 Minuten garen.

6 Die Stubenküken heiß mit frischem Gemüse und neuen Kartoffeln servieren.

### TIPP

*Sie können dieses Rezept auch mit getrockneten Kirschen, Mangos und Papayas zubereiten.*

# Poularde mit Marmeladenfüllung

*Marmeladenfans werden dieses Rezept lieben. Sie können auch Zitronen- oder Grapefruitmarmelade für dieses Gericht verwenden.*

Für 6 Personen

## ZUTATEN

1 Poularde (ca. 2 kg)
Lorbeerblätter

FÜLLUNG:
1 Selleriestange, fein gehackt
1 kleine Zwiebel, fein gehackt

1 EL Sonnenblumenöl
125 g frische Vollkorn-Semmelbrösel
4 EL Orangenmarmelade
2 EL frisch gehackte Petersilie
1 Ei, verquirlt
Salz und Pfeffer

SAUCE:
2 TL Speisestärke
2 EL Orangensaft
3 EL Orangenmarmelade
150 ml Hühnerbrühe
1 mittelgroße Orange
2 EL Weinbrand

**1** Die Halshaut der Poularde anheben und das Gabelbein mit einem kleinen scharfen Messer entfernen. Einen Zweig Lorbeerblätter in die Öffnung geben.

**2** Für die Füllung Sellerie und Zwiebel in Öl dünsten. Semmelbrösel, 3 Esslöffel Marmelade, Petersilie und Ei einrühren und mit Salz und Pfeffer würzen. Die Füllung in die Halsöffnung geben. Überschüssige Füllung kann separat gekocht werden.

**3** Den Backofen auf 190 °C vorheizen. Die Poularde in einen Bräter geben und mit Öl bestreichen. 20 Minuten pro 500 g plus weitere 20 Minuten im Ofen braten, bis beim Anstechen klarer Fleischsaft austritt. Die Poularde aus dem Ofen nehmen und mit dem restlichen Esslöffel Marmelade bestreichen.

**4** Unterdessen die Sauce zubereiten. Die Speisestärke in einem Topf mit dem Orangensaft verrühren und Marmelade und Brühe zufügen. Unter Rühren sanft erhitzen, bis die Sauce andickt. Vom Herd nehmen. Die Orange schälen und filetieren. Weiße Haut und Membranen wegwerfen. Kurz vor dem Servieren Orangenfilets und Weinbrand in die Sauce geben und kurz aufkochen.

**5** Die Poularde mit der Orangensauce und der übrigen Füllung servieren. Dazu passen Kartoffeln.

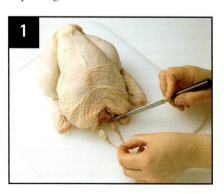
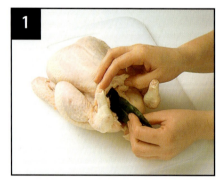

Eintöpfe & Braten

# Poularde mit Mango & Preiselbeeren

*Eine teilweise entbeinte Poularde lässt sich später besser schneiden und servieren. Falls Ihnen dies zu aufwändig erscheint, können Sie sie auch auf tradionelle Weise am Kopfende füllen.*

Für 6 Personen

## ZUTATEN

1 Poularde (ca. 2 kg)
6 Scheiben Frühstücksspeck, zu Röllchen aufgerollt

FÜLLUNG:
1 reife Mango, gewürfelt

60 g frische oder tiefgefrorene Preiselbeeren
120 g Semmelbrösel
½ TL Muskatblüte
1 Ei, verquirlt
Salz und Pfeffer

GLASUR:
½ TL Kurkuma
2 TL Honig
2 TL Sonnenblumenöl

**1** Die Poularde teilweise entbeinen: Die Keulen ausrenken und die Poularde mit der Brustseite nach unten legen. Mit einem Messer entlang dem Rückgrat einschneiden und das Fleisch auf beiden Seiten vom Knochen trennen.

**2** An Flügeln und Keulen durch die Gelenke schneiden. Das Fleisch rund um den Brustkasten abtrennen, bis die Karkasse herausgehoben werden kann.

**3** Für die Füllung alle Zutaten gründlich vermischen und mit Salz und Pfeffer abschmecken.

**4** Die Poularde mit der Hautseite nach unten hinlegen und die Hälfte der Füllung darauf geben. Die Speckröllchen in der Mitte aufreihen und mit dem Rest der Füllung bedecken. Die Haut der Poularde darüber falten und mit einem Faden zubinden. Die Poularde umdrehen, die Keulen dressieren und die Flügel unterschlagen. In einen Bräter geben. Die Zutaten für die Glasur gründlich vermischen und die Poularde damit bestreichen.

**5** Die Poularde 1½ Stunden im auf 190 °C vorgeheizten Backofen backen, bis beim Anstechen klarer Fleischsaft austritt. Wenn die Poularde zu stark bräunt, abdecken. Heiß servieren. Dazu passt frisches Saisongemüse.

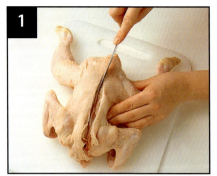
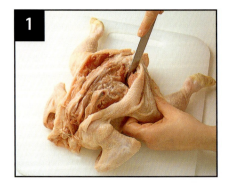

Eintöpfe & Braten

# Gebratene Hähnchenbrustfilets mit Pfannentoast

*Wenn Sie im Spätsommer Ihre Johannisbeeren ernten, können Sie diese gleich für ein wunderbares Rezept verwenden. Huhn, Speck und Johannisbeeren gehen eine unvergleichliche Verbindung ein.*

Für 8 Personen

## ZUTATEN

60 g Butter
Saft von 1 Zitrone
250 g rote Johannis- oder Preiselbeeren

1–2 EL Demerara Zucker
Salz und Pfeffer
8 Hähnchenbrustfilets oder Suprêmes
16 Scheiben Frühstücksspeck

Thymian
60 g Bratfett
4 Scheiben Toastbrot, in Dreiecke geschnitten

1 Die Butter in einem Topf zerlassen, Zitronensaft, rote Johannis- oder Preiselbeeren und Zucker zufügen und mit Salz und Pfeffer würzen. 1 Minute kochen und zum Abkühlen beiseite stellen.

2 Das Hühnerfleisch mit Salz und Pfeffer würzen. Jedes Hähnchenbrustfilet mit 2 Scheiben Speck umwickeln und mit Thymian bestreuen.

3 Den Backofen auf 200 °C vorheizen. Jedes Hähnchenbrustfilet in ein Stück Alufolie einwickeln und in einen Bräter geben. 15 Minuten im Ofen garen, aus der Folie nehmen und weitere 10 Minuten backen.

4 Das Fett in einer Pfanne erhitzen und die Brotscheiben von beiden Seiten goldbraun rösten.

5 Je ein Brotdreieck auf einen großen Teller legen, je ein Hähnchenbrustfilet darauf anrichten und mit einem Löffel der Fruchtsauce servieren.

### TIPP

*Sie können für dieses Rezept sowohl frischen als auch getrockneten Thymian verwenden. Da getrocknete Kräuter intensiver schmecken, benötigt man etwa die Hälfte weniger als bei frischen Kräutern.*

# Pollo Catalan

*In Katalonien liebt man es, Fleisch und Früchte in ausgefallenen Rezepten miteinander zu kombinieren. Hier gehen Pfirsiche, Pinienkerne, Zimt und Sherry eine ungewöhnliche Verbindung ein.*

Für 6 Personen

## ZUTATEN

- 60 g frische Vollkorn-Semmelbrösel
- 60 g Pinienkerne
- 1 kleines Ei, verquirlt
- 4 EL frisch gehackter Thymian oder 1 EL getrockneter
- 4 frische Pfirsiche oder 8 Pfirsichhälften aus der Dose
- Salz und Pfeffer
- 1 Poularde (ca. 2,5 kg)
- 1 TL gemahlener Zimt
- 200 ml Sherry
- 4 EL Sahne

1 Die Semmelbrösel mit 25 g Pinienkernen, Ei und Thymian mischen.

2 Die frischen Pfirsiche halbieren, entkernen und falls nötig häuten. Das Fruchtfleisch von 1 Pfirsich fein würfeln, zu den Semmelbröseln geben, salzen und pfeffern. Die Masse in die Halsöffnung der Poularde geben und den Hautlappen darüber befestigen.

3 Die Poularde in einen Bräter geben und mit Zimt bestreuen.

4 Den Backofen auf 190 °C vorheizen. Die Poularde abdecken und 1 Stunde im Ofen garen. Mehrfach mit Bratensaft übergießen.

5 Folie oder Deckel abnehmen und die Poularde mit Sherry übergießen. Weitere 30 Minuten unter mehrfachem Übergießen backen, bis beim Anstechen klarer Fleischsaft austritt.

6 Die restlichen Pfirsichhälften mit den restlichen Pinienkernen bestreuen, in eine Form geben und die letzten 10 Minuten mit in den Ofen geben.

7 Die Poularde auf einen Teller geben und mit Pfirsichhälften garnieren. Das Fett vom Bratensaft abschöpfen, die Sahne in den Bratensaft geben und sanft erhitzen. Die Sauce zum Huhn servieren.

### TIPP

*Dieses Rezept können Sie auch mit in Saft eingelegten Aprikosenhälften zubereiten.*

Eintöpfe & Braten

# Hähnchenbrustfilets mit schwarzen Kirschen

*Zwar ist dieses Rezept relativ zeitaufwändig, doch die Mühe lohnt sich! Die geschmackliche Harmonie zwischen Kirschen und Hähnchen ist einfach bestechend.*

Für 6 Personen

## ZUTATEN

- 6 große Hähnchenbrustfilets oder Suprêmes
- 6 schwarze Pfefferkörner, zerstoßen
- 300 g entsteinte schwarze Süßkirschen oder Süßkirschen aus dem Glas
- 12 Schalotten, in Ringe geschnitten
- 4 Scheiben Frühstücksspeck, gehackt
- 8 Wacholderbeeren
- 4 EL Portwein
- 150 ml Rotwein
- Salz und Pfeffer
- 25 g Butter
- 2 EL Walnussöl
- 25 g Mehl
- neue Kartoffeln und grüne Bohnen, zum Servieren

1 Die Hähnchenbrustfilets mit zerstoßenem Pfeffer, frischen Kirschen oder eingelegten Kirschen mit ihrem Saft und Schalotten in einen Bräter geben.

2 Speck, Wacholderbeeren, Portwein und Rotwein zufügen und mit Salz und Pfeffer abschmecken.

3 Das Fleisch etwa 48 Stunden im Kühlschrank marinieren.

4 Butter und Walnussöl in einer großen Pfanne erhitzen. Die Hähnchenbrustfilets aus der Marinade nehmen und 4 Minuten bei starker Hitze rundum anbraten.

5 Die Hähnchenbrustfilets mit der Marinade in einen Bräter geben. Öl, Butter und Bratensaft in der Pfanne zurückbehalten.

6 Den Backofen auf 180 °C vorheizen. Den Bräter abdecken und 20 Minuten im Ofen garen. Die Hähnchenbrustfilets auf vorgewärmte große Teller geben. Das Mehl in die Pfanne mit dem Bratfett geben und 4 Minuten anschwitzen. Die Marinade zugießen, aufkochen und 10 Minuten köcheln, bis die Sauce andickt.

7 Die Hähnchenbrustfilets mit der Kirschsauce übergießen und mit neuen Kartoffeln und grünen Bohnen servieren.

# Whiskyhuhn

*Ungewöhnlich ist sie schon, diese schottisch inspirierte Variante eines gefüllten Huhns – aber unglaublich lecker.*

Für 6 Personen

## ZUTATEN

1 Poularde (ca. 2 kg)
Öl, zum Bestreichen
1 EL Heidehonig
2 EL schottischer Whisky
2 EL Mehl
300 ml Hühnerbrühe

FÜLLUNG:
1 Selleriestange, in dünne Streifen geschnitten
1 mittelgroße Zwiebel, fein gehackt
1 EL Butter oder Sonnenblumenöl
1 TL getrockneter Thymian
4 EL Haferflocken
4 EL Hühnerbrühe
Salz und Pfeffer
grünes Gemüse und Bratkartoffeln, zum Servieren

**1** Für die Füllung Sellerie und Zwiebel in Butter oder Öl unter Rühren bei mittlerer Hitze dünsten und leicht bräunen.

**2** Vom Herd nehmen und Thymian, Haferflocken und Brühe zugeben, salzen und pfeffern.

**3** Den Backofen auf 190 °C vorheizen. Die Füllung in die Halsöffnung geben und den Hautlappen darüber schlagen. Die Poularde in einen Bräter geben, mit Öl bestreichen und 1 Stunde braten.

**4** Den Honig mit 1 Esslöffel Whisky vermischen und die Poularde damit bestreichen. Die Poularde weitere 20 Minuten in den Ofen geben, bis sie goldbraun ist und beim Anstechen klarer Fleischsaft austritt.

**5** Die Poularde auf einen Servierteller geben. Das Fett vom Bratensaft abschöpfen und das Mehl in den Bratensaft einrühren. Unter Rühren aufkochen, dann die Brühe und den restlichen Whisky zugießen.

**6** Unter Rühren aufkochen und 1 Minute köcheln. Die Poularde mit der Sauce, grünem Gemüse und Bratkartoffeln servieren.

Eintöpfe & Braten

# Brathähnchen in Waldpilzsauce

*Dieses köstliche Brathähnchen wird nach der Garzeit vom Knochen gelöst und mit einer pikanten Sauce aus Waldpilzen serviert.*

Für 4 Personen

## ZUTATEN

90 g weiche Butter
1 Knoblauchzehe, zerdrückt
1 großes Hähnchen
180 g Waldpilze

12 Schalotten
25 g Mehl
150 ml Weinbrand
300 g Crème double

Salz und Pfeffer
1 EL frisch gehackte Petersilie
Naturreis oder Bratkartoffeln und grüne Bohnen, zum Servieren

1 Butter und Knoblauch in einer Schüssel mischen und mit Salz und Pfeffer abschmecken.

2 Das Hähnchen von innen und außen mit der Knoblauchbutter bestreichen und 2 Stunden ruhen lassen.

3 Den Backofen auf 230 °C vorheizen. Das Hähnchen in einen Bräter geben und 1½ Stunden im Ofen auf mittlerer Schiene backen. Alle 10 Minuten mit Bratensaft übergießen.

4 Das Hähnchen aus dem Ofen nehmen und zum Abkühlen beiseite stellen.

5 Den Bratensaft in eine Pfanne geben und Pilze und Schalotten 5 Minuten darin dünsten. Mit Mehl bestreuen, den Weinbrand leicht erwärmen, zugießen und flambieren.

6 Die Crème double zugeben und unter ständigem Rühren 3 Minuten bei starker Hitze kochen.

7 Das Hähnchen tranchieren, das Fleisch in mundgerechte Stücke schneiden und in einen Bräter geben. Die Pilze darüber geben und weitere 12 Minuten im Ofen bei 160 °C backen. Mit Petersilie garnieren und mit Naturreis oder Bratkartoffeln und grünen Bohnen servieren.

# Honig-Zitrus-Huhn

*Serviert mit einem grünen Salat und Ofenkartoffeln ist dieses fettarme Rezept ideal für die Sommerzeit.*

Für 4 Personen

## ZUTATEN

1 Poularde (ca. 2 kg)
Salz und Pfeffer
frische Estragonzweige,
  zum Garnieren

MARINADE:
300 ml Orangensaft
3 EL Apfelessig
3 EL klarer Honig
2 EL frisch gehackter Estragon
2 Orangen, in Spalten geschnitten

SAUCE:
1 Hand voll frische Estragonzweige,
  gehackt
200 g Magerquark
2 EL Orangensaft
1 TL klarer Honig
60 g gefüllte Oliven, gehackt

**1** Die Poularde mit der Brustseite nach unten auf ein Schneidebrett legen. Die Oberseite entlang dem Rückgrat mit einer Geflügelschere zerteilen, aber Vorsicht: nicht bis zum Brustbein durchschneiden.

**2** Die Poularde unter kaltem Wasser abspülen, abtropfen und mit der Brustseite nach oben auf das Schneidebrett legen. Die Poularde flach drücken und die Beinenden abschneiden.

**3** Zwei Holzspieße diagonal durch die Poularde stechen. Würzen.

**4** Alle Zutaten für die Marinade bis auf die Orangenspalten in eine Schale geben, verrühren und die Poularde zugeben. Abdecken und 4 Stunden kalt stellen. Die Poularde mehrfach wenden.

**5** Unterdessen alle Zutaten für die Sauce vermischen und abschmecken. Abdecken und kalt stellen.

**6** Den Backofen auf 200 °C vorheizen. Die Marinade in einen Bräter geben. Die Spieße aus der Poularde ziehen und das Fleisch in die Marinade geben. Die Orangenspalten um die Poularde legen. 25 Minuten im Ofen backen. Die Poularde wenden und weitere 20–30 Minuten backen, bis sie goldbraun ist und beim Anstechen klarer Fleischsaft austritt. Mehrfach übergießen. Mit Estragon garnieren und mit der Sauce servieren.

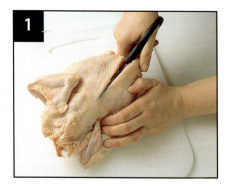
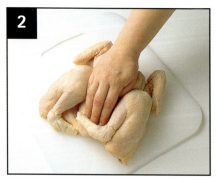

Eintöpfe & Braten

# Hähnchenbrustfilet-Roulade mit Schinken & Käse

*Rote Bete sind von unserem Küchenzettel weitgehend verschwunden. Zu Unrecht, denn sie geben sowohl Farbe als auch einen wundervollen Geschmack an viele Speisen.*

Für 4 Personen

## ZUTATEN

- 4 Hähnchenbrustfilets
- 8 frische Salbeiblätter
- Salz und Pfeffer
- 250 g Stilton, in 8 Scheiben geschnitten
- 8 dünne Scheiben gekochter Schinken
- 8 Scheiben Frühstücksspeck
- 150 ml Hühnerbrühe
- 2 EL Portwein
- 24 Schalotten
- 500 g Rote Bete, gekocht
- 1 EL Speisestärke, mit ein wenig Portwein verrührt

1 In die Hähnchenfilets längs eine Tasche einschneiden.

2 In jede Tasche 2 Salbeiblätter geben und mit Salz und Pfeffer leicht würzen.

3 Jede Käsescheibe mit einer Scheibe Schinken umwickeln und je zwei Rollen in eine Hähnchenbrust geben. Die Hähnchenbrustfilets so mit dem Speck umwickeln, dass die Taschen verschlossen sind.

4 Die Hähnchenbrustfilets in einen Bräter geben und mit Brühe und Portwein übergießen.

5 Den Backofen auf 190 °C vorheizen. Die Schalotten in den Bräter geben, abdecken und 40 Minuten im Ofen garen.

6 Die Hähnchenbrustfilets in Stücke schneiden und die Stücke nebeneinander auf einem vorgewärmten Teller anrichten. Schalotten und Rote Bete zugeben.

7 Den Bratensaft in einen Topf geben, aufkochen, vom Herd nehmen und die angerührte Speisestärke einrühren. Erneut 2 Minuten köcheln und dann über die Schalotten und die Rote Bete geben.

### VARIATION

*Sie können auch anderen Blauschimmelkäse wie Gorgonzola oder Roquefort verwenden.*

# Frühlings-Stubenküken

*Stubenküken sind herrlich einfach zuzubereiten. Schon nach 30 Minuten im Ofen sind sie servierfertig und lassen sich ohne Mühe mit einem scharfen Messer zerteilen. Berechnen Sie eins pro Person.*

Für 4 Personen

## ZUTATEN

5 EL frische Vollkorn-Semmelbrösel
200 g Crème fraîche
5 EL frisch gehackte Petersilie
5 EL frisch gehacktes Schnittlauch
Salz und Pfeffer

4 Stubenküken
1 EL Sonnenblumenöl
700 g junges Frühlingsgemüse, in kleine Stücke geschnitten (z. B. Karotten, Zucchini, Zuckererbsen, Mais, weiße Rüben)

120 ml kochende Hühnerbrühe
2 TL Speisestärke
150 ml trockener Weißwein

**1** Semmelbrösel, ein Drittel der Crème fraîche und je 2 Esslöffel der Petersilie und des Schnittlauchs in einer Schüssel mischen. Mit Salz und Pfeffer würzen und in die Halsöffnung der Stubenküken füllen. Die Stubenküken auf einem Rost in einen Bräter setzen, mit Öl bestreichen und gut würzen.

**2** Den Backofen auf 190 °C vorheizen. 30–35 Minuten im Ofen braten, bis beim Anstechen klarer Fleischsaft austritt.

**3** Das Gemüse in einer Lage in eine flache Auflaufform geben und die Hälfte der restlichen Kräuter mit der Brühe zufügen. Abdecken und 25–30 Minuten im Ofen garen, bis das Gemüse zart ist. Abgießen, die Kochflüssigkeit auffangen und warm stellen.

**4** Die Stubenküken auf einzelne Teller legen. Das Fett vom Bratensaft in der Auflaufform abschöpfen und den Gemüsesaft zugießen.

**5** Die Speisestärke mit dem Wein vermischen und mit der restlichen Crème fraîche in die Sauce rühren. Unter Rühren aufkochen und mit Salz und Pfeffer abschmecken. Die Sauce über die Stubenküken geben und mit dem Gemüse servieren.

# Parmesanhuhn

*Es ist eigentlich nicht allzu schwierig, ein Huhn zu entbeinen, aber wenn Sie davor zurückschrecken, fragen Sie doch einfach den Metzger Ihres Vertrauens.*

**Für 6 Personen**

## ZUTATEN

- 1 Poularde (ca. 2 kg)
- 8 Scheiben Mortadella oder Salami
- 120 g frische weiße oder Vollkorn-Semmelbrösel
- 120 g frisch geriebener Parmesan
- 2 Knoblauchzehen, zerdrückt
- 6 EL frisch gehacktes Basilikum oder frisch gehackte Petersilie
- Pfeffer
- 1 Ei, verquirlt
- frisches Frühlingsgemüse, zum Servieren

1 Das Huhn vollständig entbeinen, ohne die Haut abzuziehen. Die Keulen aus den Gelenken drehen. Entlang dem Rückgrat das Fleisch lösen, aber nicht bis zur Brusthaut durchschneiden.

2 Haut und Fleisch lösen, bis die Karkasse entfernt werden kann. An der Karkasse haftendes Fleisch mit einem Messer abschaben.

3 Das Fleisch von Flügel- und Beinknochen von innen lösen und die Knochen herausziehen.

4 Die entbeinte Poularde auf einem Brett mit der Hautseite nach unten ausbreiten. Die Mortadella leicht überlappend auf die Poularde legen.

5 Semmelbrösel, Parmesan, Knoblauch, Basilikum oder Petersilie in einer Schale mischen und pfeffern. Das Ei einrühren. Anschließend die Mischung in der Mitte auf die Poularde geben, das Fleisch darüber falten und mit Küchengarn sorgfältig zusammenbinden.

6 Den Backofen auf 200 °C vorheizen. Die Poularde in einen Bräter geben und dünn mit Öl bestreichen. Etwa 1½ Stunden im Ofen backen, bis beim Anstechen klarer Fleischsaft austritt.

7 Die Poularde heiß oder kalt mit Frühlingsgemüse servieren.

## VARIATION

*Sie können anstelle der Mortadella durchwachsenen Speck verwenden.*

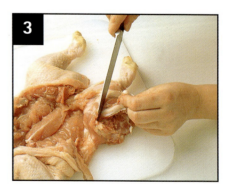

Eintöpfe & Braten

# Poularde mit Zucchini-Limetten-Füllung

*In diesem köstlichen Rezept wird eine Frischkäsefüllung unter die Brusthaut der Poularde gedrückt. Dadurch wird das Fleisch herrlich aromatisch und saftig.*

Für 6 Personen

## ZUTATEN

1 Poularde (ca. 2 kg)
Öl, zum Bestreichen
250 g Zucchini
25 g Butter
Saft von 1 Limette

FÜLLUNG:
90 g Zucchini
90 g Frischkäse

abgeriebene Schale von 1 Limette
2 EL frische Semmelbrösel
Salz und Pfeffer

1 Die Zucchini für die Füllung grob reiben, mit Käse, Limettenschale und Semmelbröseln mischen und mit Salz und Pfeffer würzen.

2 Die Brusthaut der Poularde vorsichtig lösen.

3 Die Füllung gleichmäßig unter die Brusthaut geben und die Haut wieder andrücken.

4 Den Backofen auf 190 °C vorheizen. Die Poularde in einen Bräter geben und mit Öl bestreichen. 20 Minuten pro 500 g plus 20 Minuten im Ofen backen, bis beim Anstechen klarer Fleischsaft austritt.

5 Die restlichen Zucchini putzen und mit dem Sparschäler in lange, dünne Streifen schneiden. In Butter und Limettensaft andünsten, bis sie zart sind, und mit der Poularde servieren.

### TIPP

*Die Zucchini garen noch schneller, wenn man sie fein reibt.*

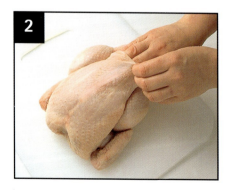

# Orangen-Sesam-Huhn

*Dieses farbenfrohe und nahrhafte Schmorhuhn wird Ihre gesamte Familie satt und glücklich machen. Falls noch zusätzliche Gäste kommen, nehmen Sie einfach mehr Gemüse hinzu.*

Für 4 Personen

## ZUTATEN

- 2 EL Sonnenblumenöl
- 1 Poularde (ca. 1,5 kg)
- 2 große Orangen
- 2 kleine Zwiebeln, geviertelt
- 500 g kleine Karotten, in 5 cm lange Stücke geschnitten
- Salz und Pfeffer
- 150 ml Orangensaft
- 2 EL Weinbrand
- 2 EL Sesamsaat
- 1 EL Speisestärke

1 Das Öl in einem großen ofenfesten Topf erhitzen und die Poularde unter mehrfachem Wenden rundum goldbraun anbraten.

2 Eine Orange halbieren und eine Hälfte in die hintere Öffnung der Poularde stecken. Die Poularde in einen großen Bräter geben und das Gemüse zufügen.

3 Das Huhn kräftig mit Salz und Pfeffer würzen und mit dem Orangensaft übergießen.

4 Die restlichen Orangen in Spalten schneiden und zur Poularde geben.

5 Den Backofen auf 180 °C vorheizen. Den Bräter abdecken und 1½ Stunden im Ofen backen, bis das Gemüse gar ist und beim Anstechen der Poularde klarer Fleischsaft austritt. Aufdecken, mit dem Weinbrand übergießen, mit Sesam bestreuen und 10 Minuten garen.

6 Das Huhn auf einen Servierteller legen und das Gemüse außen herum anrichten. Das Fett vom Bratensaft abschöpfen. Die Speisestärke mit 1 Esslöffel Wasser verrühren, in den Bratensaft geben und unter Rühren aufkochen. Sauce mit Salz und Pfeffer abschmecken und zur Poularde servieren.

## VARIATION

*Für einen frischeren Zitrusgeschmack können Sie Zitronen anstelle der Orangen verwenden. Geben Sie dann noch einen Thymianzweig zu.*

Eintöpfe & Braten

# Hähnchen in Honig-Senf-Glasur

*Die Hähnchenteile werden zunächst mit einer delikaten Honig-Senf-Glasur bestrichen und schließlich mit knackigen Mohnsamen bestreut.*

Für 4–6 Personen

## ZUTATEN

- 8 Hähnchenteile
- 60 g Butter, zerlassen
- 4 EL mittelscharfer Senf
- 4 EL klarer Honig
- 2 EL Zitronensaft
- 1 TL Paprikapulver
- Salz und Pfeffer
- 3 EL Mohnsamen
- Tomaten-Mais-Salat, zum Servieren

1 Den Backofen auf 200 °C vorheizen. Die Hähnchenteile mit der Hautseite nach oben auf ein großes Backblech legen.

2 Alle Zutaten außer dem Mohn in einer großen Schüssel gründlich mischen.

3 Die Hähnchenteile mit der Hälfte der Glasur bestreichen.

4 Auf der mittleren Schiene im Backofen 15 Minuten backen.

5 Die Hähnchenteile vorsichtig wenden und die Oberseite mit der restlichen Glasur bestreichen.

6 Die Hähnchenteile mit Mohn bestreuen und weitere 15 Minuten backen.

7 Auf einem Teller anrichten, mit dem Bratensaft übergießen und nach Wunsch mit einem Tomaten-Mais-Salat servieren.

### TIPP

*Als Beilage können Sie auch mexikanischen Reis servieren: Reis 10 Minuten kochen, abgießen und 5 Minuten braten. Gehackte Zwiebeln, Knoblauch, Tomaten, Karotten und Chilipulver zugeben, 1 Minute braten, dann mit Brühe ablöschen. Aufkochen, abdecken und 20 Minuten köcheln. Bei Bedarf Brühe nachgießen. 5 Minuten vor Ende der Garzeit Erbsen zugeben.*

# Mediterraner Sonntagsbraten

*Warum ist nicht jeden Tag Sonntag? Das fragt man sich beim Anblick dieser leckeren gefüllten Poularde, die mit Knoblauch, Kartoffeln und Gemüse im Ofen geschmort wird.*

Für 6 Personen

## ZUTATEN

1 Poularde (ca. 2,5 kg)
1 frischer Rosmarinzweig
180 g Feta, grob gerieben
2 EL Pesto rosso
60 g weiche Butter
Salz und Pfeffer

1 Knoblauchknolle
1 kg neue Kartoffeln, je nach Größe halbiert
je 1 rote, grüne und gelbe Paprika, in Stücke geschnitten

3 Zucchini, in dünne Scheiben geschnitten
frische Rosmarinzweige
2 EL Olivenöl
2 EL Mehl
600 ml Hühnerbrühe

1 Die Poularde unter kaltem Wasser waschen und gut abtropfen. Die Haut am Halsende mit einem scharfen Messer sorgfältig vom Brustfleisch lösen und mit den Fingern vorsichtig weiter lösen, bis eine große Tasche bis hinunter zu den Beinen entsteht.

2 Den Backofen auf 190 °C vorheizen. Die Rosmarinblätter abzupfen, mit Feta, Tomatenmark und Butter mischen und abschmecken. Die Füllung in die Hauttasche geben. Die Poularde in einen großen Bräter geben, mit Alufolie abdecken und 20 Minuten pro 500 g plus 20 Minuten im Ofen garen.

3 Die Knoblauchknolle in Zehen zerteilen, aber nicht schälen. Das Gemüse nach 40 Minuten Garzeit zur Poularde geben.

4 Die Poularde mit Öl beträufeln, einige Rosmarinzweige zufügen und abschmecken. Wieder in den Ofen geben und 40 Minuten vor Ende der Garzeit aufdecken.

5 Die Poularde mit einem Teil des Gemüses auf eine große Servierplatte geben. Das restliche Gemüse in eine vorgewärmte Schüssel geben. Den Bratensaft in einen Topf gießen, das Mehl einrühren, 2 Minuten kochen und langsam die Brühe zugießen. Unter Rühren aufkochen, bis die Sauce andickt. Durch ein Sieb in eine Sauciere abseihen und mit Fleisch und Gemüse servieren.

Eintöpfe & Braten

# Huhn im Käsemantel

*Käse und Senf sind immer eine herrliche Kombination. Hier bekommen Hähnchenbrustfilets im Ofen einen wunderbar knusprigen Mantel.*

Für 4 Personen

## ZUTATEN

1 EL Milch
2 EL scharfer Senf
3 EL reifer Gouda, gerieben
3 EL Mehl
2 EL frisch gehackter Schnittlauch
4 Hähnchenbrustfilets

**1** Milch und Senf in einer Schüssel verschlagen. In einer zweiten Schüssel Käse, Mehl und Schnittlauch mischen.

**2** Die Hähnchenbrustfilets in der Senfmilch wenden und gründlich damit bestreichen.

**3** Anschließend gut in der Käsemischung wenden. Auf ein Backblech legen und mit übrig gebliebener Panade bedecken.

**4** Den Backofen auf 200 °C vorheizen. Die Hähnchenbrustfilets 30–35 Minuten goldbraun backen, bis beim Einstechen klarer Saft austritt. Heiß oder kalt servieren. Dazu passen Folienkartoffeln und frisches Gemüse oder auch ein knackiger Salat.

### TIPP

*Für einen pikanteren Geschmack wählen Sie einen französischen Senf. Meaux-Senf ist körnig mit einem warmen, würzigen Geschmack, während Dijon-Senf mittelscharf und leicht säuerlich schmeckt.*

### TIPP

*Kräuter sollte man einfrieren, um Farbe, Geschmack und Nährstoffe zu erhalten. Bewahren Sie Kräuter in Gefrierbeuteln auf und entnehmen Sie sie portionsweise bei Bedarf. Getrocknete Kräuter sind kein Ersatz für frische oder tiefgefrorene.*

# Poularde Gärtner-Art

*Für dieses schmackhafte Gericht können Sie Gemüsesorten nach Ihrem Geschmack auswählen. Zucchini, Porree und Zwiebeln beispielsweise schmecken ebenso gut.*

Für 4 Personen

## ZUTATEN

250 g Pastinaken, geschält und gehackt
120 g Karotten, geschält und gehackt
25 g frische Semmelbrösel
¼ TL frisch geriebene Muskatnuss
1 EL frisch gehackte Petersilie

Salz und Pfeffer
1 Poularde (ca. 1,5 kg)
1 Bund Petersilie
½ Zwiebel
25 g weiche Butter
4 EL Olivenöl

500 g neue Kartoffeln, abgeschrubbt
500 g junge Karotten, gewaschen und geputzt
frisch gehackte Petersilie, zum Garnieren

1 Für die Füllung Pastinaken und Karotten in einen Topf geben, halb mit Wasser bedecken und zum Kochen bringen. Abdecken und köcheln, bis das Gemüse gar ist. Abgießen und im Mixer oder der Küchenmaschine glatt pürieren. Das Püree in eine Schüssel geben und abkühlen lassen.

2 Das Püree mit Semmelbröseln, Muskat und 1 Esslöffel gehackter Petersilie mischen und kräftig mit Salz und Pfeffer abschmecken.

3 Die Füllung am Halsende in die Poularde geben und ein wenig unter die Brusthaut füllen. Den Hautlappen mit einem kleinen Metallspieß oder einem Zahnstocher feststecken.

4 Petersilie und Zwiebel in die Schwanzöffnung geben und die Poularde in einen Bräter legen.

5 Den Backofen auf 190 °C vorheizen. Die Haut mit Butter bestreichen und würzen. Abdecken und 30 Minuten im Ofen garen.

6 Unterdessen das Öl in einer Pfanne erhitzen und die Kartoffeln rundum leicht anbräunen.

7 Kartoffeln und Karotten zur Poularde geben, die Poularde mit Bratensaft übergießen, abdecken und 1 weitere Stunde garen. Nach 30 Minuten Fleisch und Gemüse erneut mit Bratensaft übergießen. 20 Minuten vor Ende der Garzeit aufdecken. Das Gemüse mit Petersilie garnieren und mit der Poularde servieren.

# Grillen & Schlemmen

Es gibt nichts Köstlicheres als das zarte Fleisch und die knusprige Haut eines Hähnchens, das zunächst in einer duftenden Marinade aus Öl, Kräutern und Gewürzen eingelegt und dann über dem offenen Feuer gegrillt wird. Sehr delikat sind beispielsweise asiatische Marinaden aus Joghurt und aromatischen Gewürzen oder aus Sojasauce, Sesamöl und frischer Ingwerwurzel.

Dieses Kapitel bietet Ihnen einige aufregende Rezepte wie Hühnchenspieße mit Brombeersauce oder Hühnchenrollen am Spieß: hübsche kleine Röllchen aus Hühnerfleisch, Schinken und Basilikum. Darüber hinaus finden Sie in diesem Kapitel Rezepte wie Stubenküken mit Zitrone & Estragon, die sowohl vom Grill als auch aus dem Backofen gut schmecken. Außerdem gibt es ausgefallene Rezepte wie gegrillte Hähnchenbrustfilets mit einer Auswahl an gegrilltem Gemüse. Sie werden mit Öl beträufelt und mit ofenfrischem Brot serviert, das man in den herrlichen Bratensaft tunken kann.

Grillen & Schlemmen

# Cajun-Hähnchen

*Servieren Sie diese würzigen Hähnchenflügel mit einer Chili-Salsa und einem grünen Salat. Falls Sie es nicht so scharf mögen, greifen Sie lieber zu saurer Sahne und einem Schnittlauch-Dip.*

Für 4 Personen

## ZUTATEN

- 16 Hähnchenflügel
- 4 TL Paprikapulver
- 2 TL gemahlener Koriander
- 1 TL Selleriesalz
- 1 TL gemahlener Kreuzkümmel
- ½ TL Cayennepfeffer
- ½ TL Salz
- 1 EL Öl
- 2 EL Rotweinessig
- frische Petersilie, zum Garnieren
- Kirschtomaten und gemischter Blattsalat, zum Servieren

**1** Die Hähnchenflügel waschen und mit Küchenpapier trockentupfen. Die Flügelspitzen mit der Küchenschere abschneiden.

**2** Paprikapulver, Koriander, Selleriesalz, Kreuzkümmel, Cayennepfeffer, Salz, Öl und Rotweinessig mischen.

**3** Die Hähnchenflügel gleichmäßig mit der Würzmischung bestreichen und mindestens 1 Stunde im Kühlschrank marinieren.

**4** Die Hähnchenflügel etwa 15 Minuten auf dem vorgeheizten Grill unter mehrfachem Wenden und Bestreichen mit Öl grillen. Mit frischer Petersilie garnieren und mit Kirschtomaten, gemischtem Blattsalat und einer Sauce nach Wahl servieren.

### TIPP
*Sie können auch eine fertige Cajun-Gewürzpaste verwenden, um die Flügel zu bestreichen.*

### VARIATION

*Hähnchenflügel haben nur wenig Fleisch und sind sehr klein. Dadurch sind sie aber auch schnell gegrillt und können mit den Fingern gegessen werden, weshalb sie auf Grillfesten sehr beliebt sind.*

# Pikantes Sesamhähnchen

*Egal ob im eigenen Garten oder beim einem Picknick:
Dieses einfach und schnell zuzubereitende Gericht wird Sie begeistern!*

### Für 4 Personen

## ZUTATEN

- 4 Hähnchenkeulen
- 150 g Naturjoghurt
- abgeriebene Schale und Saft von 1 kleinen Zitrone
- 2 TL mittelscharfe Currypaste
- 1 EL Sesamsaat
- Zitronenspalten, zum Servieren

1 Die Hähnchenkeulen häuten und mehrfach mit einem scharfen Messer einschneiden.

2 Joghurt, Zitronenschale, Zitronensaft und Currypaste in einer Schüssel glatt rühren.

3 Die Keulen mit der Mischung übergießen und in einer mit Alufolie ausgelegten Grillpfanne oder auf dem Backblech auslegen.

4 Die Hähnchenkeulen 12–15 Minuten unter dem Backofengrill goldbraun und gar grillen, dabei einmal wenden. Kurz vor Ende mit der Sesamsaat bestreuen.

5 Mit einem Salat, Naan-Brot und Zitronenspalten servieren.

### TIPP

*Wenn es die Zeit erlaubt, marinieren Sie das Fleisch über Nacht im Kühlschrank, damit sich die Aromen voll entwickeln können.*

### VARIATION

*Man kann das Hähnchen auch mit Mohn-, Fenchel- oder Kümmelsamen oder mit einer Mischung aus allen Samen bestreuen.*

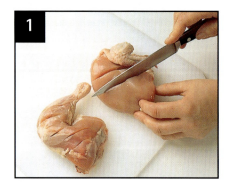

Grillen & Schlemmen

# Ingwerhuhn mit Mais

*Bei diesen köstlichen Spießen dürfen Sie mal wieder die Finger zum Essen benutzen.
Alles andere ist auch so gut wie unmöglich.*

Für 6 Personen

## ZUTATEN

3 frische Maiskolben
12 Hähnchenflügel

2,5-cm-Stück frische Ingwerwurzel
6 EL Zitronensaft

4 TL Sonnenblumenöl
1 EL brauner Zucker

1 Die Maiskolben putzen und mit einem scharfen Messer jeweils in 6 Stücke schneiden. Mit den Hähnchenflügeln in eine große Schüssel geben.

2 Die Ingwerwurzel schälen und reiben oder fein hacken.

3 Ingwer, Zitronensaft, Sonnenblumenöl und Zucker verrühren und dann unter die Hähnchenflügel und den Mais heben.

4 Hähnchenflügel und Maisstücke abwechselnd auf Spieße fädeln, um das Wenden zu erleichtern.

5 15–20 Minuten unter dem Backofengrill oder über heißer Holzkohle grillen. Währenddessen mehrfach mit der Ingwermischung bestreichen und wenden, bis der Mais goldgelb und zart und das Fleisch gar ist. Dazu passen Ofenkartoffeln und Salat.

### TIPP

*Schneiden Sie die Flügelspitzen vor der Zubereitung ab oder wickeln Sie sie in ein wenig Alufolie, da sie leicht verbrennen.*

### TIPP

*Wenn Sie frische Maiskolben kaufen, achten Sie auf dicke, eng stehende Maiskörner. Sie können aber auch aufgetaute Maiskolben verwenden.*

Grillen & Schlemmen

# Gegrilltes Gemüse mit Hähnchenbrustfilets

*Grillen ist eine einfache und gesunde Garmethode, denn durch die Hitze werden die Poren sofort geschlossen, und das Fleisch trocknet nicht aus. Auch gegrilltes Gemüse ist unbeschreiblich lecker.*

Für 4 Personen

## ZUTATEN

1 kleine Aubergine, in Scheiben
2 Knoblauchzehen, zerdrückt
abgeriebene Schale von ½ Zitrone
1 EL frisch gehackte Minze
6 EL Olivenöl
Salz und Pfeffer

4 Hähnchenbrustfilets
2 Zucchini, in Scheiben geschnitten
1 Paprika, geviertelt
1 kleine Fenchelknolle, in Scheiben geschnitten

1 große rote Zwiebel, in Scheiben geschnitten
1 kleine Ciabatta oder 1 Baguette, in Scheiben geschnitten
Olivenöl, zusätzlich

1 Die Auberginenscheiben in ein Sieb legen und salzen, 30 Minuten abtropfen lassen, abspülen und trockentupfen. Dies entzieht ihnen die Bitterstoffe.

2 Knoblauch, Zitronenschale, Minze und Olivenöl mischen, mit Salz und Pfeffer würzen.

3 Die Hähnchenbrustfilets mehrfach mit einem scharfen Messer einschneiden. Mit der Hälfte der Marinade übergießen und wenden.

4 Die Auberginen und das übrige Gemüse mit der restlichen Marinade vermischen. Hähnchen und Gemüse 30 Minuten marinieren.

5 Hähnchenbrustfilets und Gemüse unter dem vorgeheizten Grill goldbraun grillen oder in einer Grillpfanne braten.

6 Die Brotscheiben mit Olivenöl bestreichen und unter dem Grill goldgelb rösten.

7 Etwas Olivenöl über Hähnchen und Gemüse träufeln und heiß oder kalt mit geröstetem Brot servieren.

# Tropische Hühnchenspieße

*Diese Spieße sind von der karibischen Küche inspiriert.
Durch die Marinade bleibt das Fleisch beim Grillen schön saftig.*

Für 6 Personen

## ZUTATEN

| | | |
|---|---|---|
| 750 g Hähnchenbrustfilet | 3 Mangos | 2 EL Öl |
| 2 EL Medium Dry Sherry | Lorbeerblätter | 2 EL Kokosraspel |
| Pfeffer | | |

1 Die Hähnchenbrustfilets in 2,5 cm große Würfel schneiden und in leicht gepfeffertem Sherry wenden.

2 Die Mangos mit einem scharfen Messer in 2,5 cm große Würfel schneiden. Stein und Schale wegwerfen.

3 Fleisch, Mangowürfel und Lorbeerblätter abwechselnd auf lange Grillspieße stecken und mit Öl bestreichen.

4 Die Spieße 10 Minuten unter dem vorgeheizten Backofengrill grillen. Dabei einmal wenden.

5 Die Spieße mit Kokosraspeln bestreuen und weitere 30 Sekunden grillen. Mit einem knackigen Salat servieren.

### TIPP

*Verwenden Sie reife, aber noch feste Mangos, damit sie sich beim Grillen nicht vom Spieß lösen. Eine andere geeignete feste Frucht ist die Ananas.*

### TIPP

*Vergessen Sie nicht, dass Metallspieße sehr heiß werden. Verwenden Sie also Topflappen oder eine Zange, wenn Sie die Metallspieße wenden. Holzspieße sollten vor der Verwendung 30 Minuten gewässert werden, damit sie beim Grillen nicht verbrennen, und die Enden sollten mit Alufolie umwickelt sein.*

Grillen & Schlemmen

# Süß-saure Hähnchenunterkeulen

*Die Hähnchenunterkeulen werden mit einer delikaten süß-sauren Marinade aromatisiert und anschließend im Backofen gegrillt.*

Für 4 Personen

## ZUTATEN

- 8 Hähnchenunterkeulen
- 4 EL Rotweinessig
- 2 EL Tomatenmark
- 2 EL Sojasauce
- 2 EL klarer Honig
- 1 EL Worcestersauce
- 1 Knoblauchzehe
- 1 Prise Cayennepfeffer
- Salz und Pfeffer
- 1 frischer Petersilienzweig, zum Garnieren

1 Die Unterkeulen nach Wunsch häuten und mit einem scharfen Messer zwei- bis dreimal quer einschneiden.

2 Die Unterkeulen nebeneinander in einen flache feuerfeste Glasform legen.

3 Rotweinessig, Tomatenmark, Sojasauce, Honig, Worcestersauce, Knoblauch und Cayennepfeffer verrühren und über die Unterkeulen gießen.

4 Das Fleisch 1 Stunde im Kühlschrank marinieren.

Anschließend etwa 20 Minuten auf dem vorgeheizten Grill unter mehrfachem Wenden und Bestreichen mit der Marinade grillen. Mit Petersilie garnieren und mit einem Salat servieren.

### TIPP

*Geben Sie für einen frischeren Geschmack den Saft von 1 Limette in die Marinade. Während des Grillens dürfen die Schenkel nicht verkohlen.*

### VARIATION

*Diese süß-saure Marinade passt auch zu Schweinefleisch oder Garnelen. Stecken Sie Schweinefleischwürfel oder Garnelen mit Paprikastücken und Perlzwiebeln auf Spieße.*

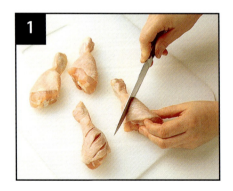

# Hähnchenbrust mit Gartenkräutern

*Im Sommer bevorzugen wir eine leichtere Küche, um unseren Körper nicht unnötig zu belasten. Daher ist diese sanft marinierte und gegrillte Hähnchenbrust genau das Richtige an warmen Tagen.*

Für 4 Personen

## ZUTATEN

4 Hähnchenbrustfilets
6 EL Olivenöl
2 EL Zitronensaft

Pfeffer
4 EL frisch gehackte Sommerkräuter (z. B. Petersilie, Schnittlauch und Minze)

1 reife Avocado, entkernt und geschält
125 g fettarmer Frischkäse
kalter Reis, zum Servieren

1 Jedes Hähnchenbrustfilet mit einem scharfen Messer mehrfach quer einschneiden.

2 Die Hähnchenbrustfilets in einen Topf legen und mit etwas Öl dünn bestreichen.

3 Die Hähnchenbrustfilets unter den vorgeheizten Backofengrill geben und mehrfach wenden, bis sie goldbraun sind und beim Anstechen klarer Fleischsaft austritt.

4 Das restliche Öl mit Zitronensaft und Kräutern verrühren und pfeffern. Das Fleisch mit dem Öl übergießen und abkühlen lassen. 1 Stunde kalt stellen.

5 Avocado und Frischkäse im Mixer pürieren. Pfeffern. Das Fleisch mit Avocadosauce und Reis servieren.

### TIPP

*Das Hähnchenfleisch kann im Voraus zubereitet und im Kühlschrank aufbewahrt werden.*

### TIPP

*Die Avocado zunächst halbieren. Die Hälfte mit dem Kern in eine Hand legen und gut festhalten. Mit einem scharfen Messer in den Kern schneiden, sodass das Messer fest sitzt. Das Messer vorsichtig drehen, um den Kern zu lösen.*

# Pikante Tomaten-Hühnchen-Spieße

*Diese Grillspieße können gut im Voraus zubereitet werden und sind dann auf dem Grill in Minutenschnelle fertig.*

Für 4 Personen

## ZUTATEN

500 g Hähnchenbrustfilet
3 EL Tomatenmark
2 EL klarer Honig

2 EL Worcestersauce
1 EL frisch gehackter Rosmarin
Salz und Pfeffer

250 g Kirschtomaten
Couscous oder Reis, zum Servieren
Rosmarinzweige, zum Garnieren

**1** Acht Holzspieße 30 Minuten wässern. Die Hähnchenbrustfilets in 2,5 cm große Stücke schneiden und in eine Schüssel geben.

**2** Tomatenmark, Honig, Worcestersauce, Rosmarin sowie Salz und Pfeffer mischen und mit dem Fleisch vermengen.

**3** Hühnerstücke und Tomaten abwechselnd auf die Holzspieße stecken. Mit der restlichen Marinade übergießen.

**4** Unter gelegentlichem Wenden 10 Minuten grillen, bis das Fleisch zart ist. Auf einem Bett aus Couscous oder Reis anrichten und mit Rosmarinzweigen garnieren.

### TIPP

*Couscous ist Hartweizengrieß, der mit Mehl ummantelt wurde. Er ist leicht zuzubereiten: Einfach in einer Schale mit kochendem Wasser einweichen und mit einer Gabel auflockern. Man kann ihn mit Zitrone oder Muskat verfeinern.*

### TIPP

*Kirschtomaten eignen sich besser als klein geschnittene Tomaten, da man sie ganz auf die Spieße stecken kann. Dadurch bleibt ihr Saft erhalten.*

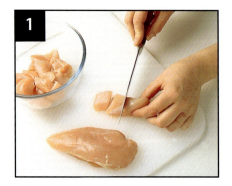

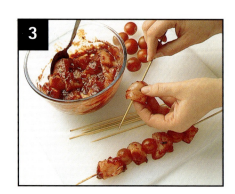

Grillen & Schlemmen

# Gegrillte Hähnchenschenkel mit Pesto-Baguette

*Dieses italienisch inspirierte Gericht bekommt seinen außergewöhnlichen Geschmack durch das Pesto. Grünes Pesto erhält die Farbe durch den Basilikum, rotes durch sonnengetrocknete Tomaten.*

Für 4 Personen

## ZUTATEN

- 8 Hähnchenschenkel, teilweise entbeint
- Olivenöl, zum Bestreichen
- 400 g passierte Tomaten
- 120 g grünes oder rotes Pesto
- 12 Baguettescheiben
- 90 g frisch geriebener Parmesan
- 60 g Pinienkerne oder Mandelblättchen
- Blattsalat, zum Servieren

1 Die Schenkel in einer Lage in einen großen flachen Bräter geben und leicht mit Öl bestreichen. 15 Minuten unter den vorgeheizten Backofengrill geben und unter mehrfachem Wenden goldbraun grillen.

2 Mit einem Spieß kontrollieren, ob klarer Fleischsaft austritt.

3 Überschüssiges Fett abgießen. Die passierten Tomaten mit der Hälfte des Pestos in einem kleinen Topf erwärmen und über das Fleisch gießen. Unter Wenden einige Minuten braten.

4 Unterdessen die Brotscheiben mit dem restlichen Pesto bestreichen. Die Scheiben auf das Fleisch legen und mit Parmesan und Pinienkernen oder Mandeln bestreuen. Weitere 2–3 Minuten unter den Grill geben, bis die Brote goldbraun überbacken sind. Mit einem gemischten Blattsalat servieren.

### TIPP

*Lässt man die Haut an den Hähnchenschenkeln, mag das Gericht zwar einen etwas höheren Fettgehalt haben, doch die knusprig geröstete Haut hat einen wunderbar intensiven Geschmack und hält zusätzlich den Bratensaft im Fleisch zurück.*

# Hähnchenunterkeulen mit Senf

*Die Grillparty oder das Picknick sind gerettet,
wenn diese leicht zuzubereitenden Hähnchenunterkeulen zum Zuge kommen.*

Für 4 Personen

## ZUTATEN

10 Scheiben Frühstücksspeck
1 Knoblauchzehe, zerdrückt
3 EL körniger Senf

4 EL frische Vollkorn-Semmelbrösel
8 Hähnchenunterkeulen
1 EL Sonnenblumenöl

frische Petersilienzweige,
zum Garnieren

1 Zwei Scheiben Frühstücksspeck klein schneiden und unter ständigem Rühren 3–4 Minuten in einer trockenen Pfanne rösten. Vom Herd nehmen, den Knoblauch mit 2 Esslöffeln körnigem Senf und Semmelbröseln zufügen und verrühren.

2 Die Haut der Hähnchenunterkeulen vorsichtig mit den Fingern vom Fleisch lösen und etwas Senfmischung unter die Haut schieben. Die Haut wieder andrücken.

3 Jede Unterkeule in 1 Scheibe Speck einwickeln und diese mit Zahnstochern feststecken.

4 Den restlichen Senf mit Öl verrühren und die Keulen damit bestreichen. Etwa 25 Minuten unter den vorgeheizten Backofengrill geben, bis beim Anstechen klarer Fleischsaft austritt.

5 Mit Petersilienzweigen garnieren. Die Hähnchenunterkeulen können heiß oder kalt serviert werden.

### TIPP

*Geben Sie die Hähnchenunterkeulen nicht auf oberster Schiene in den Backofen, da sie sonst verbrennen können.*

# Huhn in Minze-Limetten-Sauce

*Serviert mit einer cremigen Joghurt-Sauce sind diese mit Limettensaft und Honig marinierten Hähnchenschenkel einfach unwiderstehlich.*

### Für 6 Personen

## ZUTATEN

3 EL fein gehackte Minze
4 EL klarer Honig
4 EL Limettensaft

Salz und Pfeffer
12 entbeinte Hähnchenschenkel
Salat, zum Servieren

SAUCE:
150 g Naturjoghurt
1 EL gehackte Minze
2 TL abgeriebene Limettenschale

1 Minze, Honig und Limettensaft mit Salz und Pfeffer in einer Schüssel mischen.

2 Die Hähnchenschenkel mit zuvor in Wasser eingelegten Zahnstochern in Form stecken. In der Marinade wenden, um sie gründlich zu überziehen.

3 Am besten über Nacht, mindestens jedoch 30 Minuten marinieren. Dann die Hähnchenschenkel unter regelmäßigem Wenden grillen und mit der Marinade bestreichen. Das Fleisch ist gar, wenn beim Einstechen in die dickste Stelle klarer Saft austritt.

4 Unterdessen die Zutaten für die Sauce gründlich verrühren.

5 Die Zahnstocher entfernen und die Schenkel mit der Sauce und einem Salat servieren.

## VARIATION

*Verwenden Sie diese Marinade für Spieße mit Hühnchen und Limettenspalten sowie roten Zwiebelspalten.*

## TIPP

*Minze kann man sehr einfach im Garten oder Blumenkasten selbst ziehen. Sie eignet sich gut für Marinaden und Dressings. Nützlich sind auch Petersilie und Basilikum.*

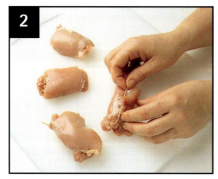

# Hühnchenspieße mit Brombeersauce

*Der Herbst ist die Zeit der wilden Beeren. Probieren Sie einmal diese leckeren Spieße mit Brombeersauce. Am besten schmeckt es natürlich mit selbst gepflückten Früchten.*

Für 4 Personen

## ZUTATEN

- 4 Hähnchenbrustfilets oder 8 Hähnchenschenkel
- 4 EL trockener Weißwein oder Cidre
- 2 EL frisch gehackter Rosmarin
- Salz und Pfeffer

SAUCE:
- 200 g Brombeeren
- 1 EL Apfelessig
- 2 EL Johannisbeergelee
- ¼ TL frisch geriebene Muskatnuss

- Rosmarinzweige und Brombeeren, zum Garnieren
- grüner Salat, zum Servieren

1 Bei der Verwendung von Hähnchenschenkeln das Fleisch zunächst entbeinen. Dann das Hühnerfleisch mit einem scharfen Messer in 2,5 cm große Stücke schneiden und in eine Schüssel geben. Weißwein und Rosmarin darüber geben und mit Salz und Pfeffer abschmecken. Abdecken und mindestens 1 Stunde marinieren.

2 Das Fleisch abtropfen, die Marinade aufbewahren und die Fleischwürfel auf 8 Spieße stecken.

3 Zehn Minuten im vorgeheizten Backofengrill grillen.

4 Unterdessen die Brombeeren für die Sauce in einem Topf mit der Marinade sanft weich kochen. Die Sauce mit dem Löffelrücken durch ein Sieb passieren.

5 Apfelessig und Gelee zu den Brombeeren in den Topf geben und aufkochen. Offen kochen, bis die Sauce etwa um ein Drittel reduziert ist.

6 Einen Löffel Sauce auf jeden Teller geben und je zwei Spieße darauf anrichten. Mit frisch geriebener Muskatnuss bestreuen, mit Rosmarin und Brombeeren garnieren und servieren.

### TIPP

*Bei Beeren aus der Dose den Saft weglassen.*

Grillen & Schlemmen

# Gegrillte Stubenküken mit Zitrone & Estragon

*Flach gedrückte Stubenküken werden hier mit einer Zitronenmarinade glasiert und im Ganzen gegrillt. Guten Appetit!*

Für 2 Personen

## ZUTATEN

2 Stubenküken
Salz und Pfeffer
4 frische Estragonzweige

1 TL Öl
25 g Butter
Zesten von ½ Zitrone

1 EL Zitronensaft
1 Knoblauchzehe, zerdrückt
Estragon und Orangenspalten

**1** Die Stubenküken mit der Brust nach unten auf ein Brett legen und das Rückgrat mit einer Schere teilen. Jeden Vogel leicht flach drücken, bis die Knochen brechen, damit er beim Garen flach liegt. Mit Salz und Pfeffer würzen.

**2** Die Stubenküken umdrehen und auf jeder Brustseite einen Estragonzweig unter die Haut schieben.

**3** Die Stubenküken mit Öl bestreichen und etwa 15 cm unter der Hitzequelle in den Backofengrill schieben. Etwa 15 Minuten grillen, bis sie leicht gebräunt sind. Dabei einmal wenden.

**4** Unterdessen die Butter für die Glasur in einem kleinen Topf zerlassen, Zitronenzesten, Zitronensaft und Knoblauch zugeben und mit Salz und Pfeffer abschmecken.

**5** Die Stubenküken mit der Glasur bestreichen und weitere 15 Minuten grillen. Dabei einmal wenden und regelmäßig bestreichen, damit sie saftig bleiben. Mit Estragon und Orangenspalten garnieren und servieren. Dazu passen neue Kartoffeln.

### TIPP

*Schieben Sie zwei Metallspieße durch die plattierten Stubenküken, damit sie flach bleiben.*

# Grillhähnchen mit warmer Aioli

*Aioli ist eine sehr scharfe Knoblauchmayonnaise, die ursprünglich aus der Provence stammt. Sie sollte immer nur frisch zubereitet werden und benötigt keine Ruhezeit, da sie nachschärft.*

Für 4 Personen

## ZUTATEN

- 4 Hähnchenkeulen
- 2 EL Öl
- 2 EL Zitronensaft
- 2 TL getrockneter Thymian
- Salz und Pfeffer

AIOLI:
- 5 Knoblauchzehen, zerdrückt
- 2 Eigelb
- je 120 ml Olivenöl und Sonnenblumenöl
- 2 TL Zitronensaft
- 2 EL kochendes Wasser

grüner Salat und Zitronenscheiben, zum Garnieren

1 Die Hähnchenkeulen mit einem Spieß mehrfach einstechen und dann in eine flache Schale legen.

2 Öl, Zitronensaft, Thymian, Salz und Pfeffer mischen, über das Fleisch geben und die Teile darin wenden. 2 Stunden marinieren.

3 Den Knoblauch für die Aioli mit einer Prise Salz zu einer Paste verrühren. Dann das Eigelb zugeben und gründlich verquirlen. Nach und nach unter kräftigem Schlagen das gesamte Öl zugießen, bis die Sauce cremig glatt ist und andickt. Den Zitronensaft einrühren und mit Pfeffer abschmecken. An einen warmen Ort stellen.

4 Die Hähnchenkeulen etwa 25–30 Minuten unter dem vorgeheizten Backofengrill rösten. Mit der Marinade bestreichen und wenden, um sie gleichmäßig zu garen. Auf einem Servierteller anrichten.

5 Das Wasser unter die Aioli rühren und in eine Schüssel geben. Das Fleisch mit Aioli, grünem Salat und Zitronenscheiben servieren.

### TIPP

*Für eine schnelle Aioli den Knoblauch in 300 ml Mayonnaise geben und über einem heißen Wasserbad verquirlen. Kurz vor dem Servieren 1–2 Esslöffel heißes Wasser zugeben.*

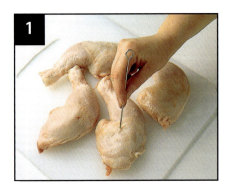

# Hühnchenrollen am Spieß

*Diese ungewöhnlichen Spieße haben ein wundervoll mediterranes Aroma.
Durch den Frühstücksspeck bleibt das Fleisch schön saftig.*

**Für 4 Personen**

## ZUTATEN

- 4 Hähnchenbrustfilets
- 1 Knoblauchzehe, zerdrückt
- 2 EL Tomatenmark
- 4 Scheiben Frühstücksspeck
- 1 große Hand voll frische Basilikumblätter
- Salz und Pfeffer
- Pflanzenöl, zum Bestreichen
- Blattsalat, zum Servieren

**1** Je 1 Hähnchenbrustfilet zwischen 2 Lagen Frischhaltefolie legen und mit einem Nudelholz oder Fleischklopfer gleichmäßig flach klopfen. Mit den übrigen Filets ebenso verfahren.

**2** Knoblauch und Tomatenmark verrühren und über das Hähnchen geben.

**3** Mit je 1 Scheibe Speck belegen und dann mit Basilikum bestreuen. Mit Salz und Pfeffer abschmecken.

**4** Die Hühnerstücke aufrollen und in dicke Scheiben schneiden.

**5** Die Röllchen auf 4 Spieße stecken, dabei darauf achten, dass sie sich nicht lösen.

**6** Die Spieße dünn mit Öl bestreichen und auf dem heißen Grill oder unter dem vorgeheizten Backofengrill ca. 10 Minuten garen, dabei einmal wenden. Direkt vom Grill mit Salat servieren.

### TIPP

*Flach geklopfte Hähnchenbrustfilets werden viel schneller gar und sind auch einfacher aufzurollen.*

### VARIATION

*Servieren Sie zu den südländischen Aromen dieser Spieße Knoblauchbrot mit Parmesan.*

# Gerichte aus aller Welt

*Da Hühnerfleisch in der ganzen Welt sehr beliebt ist, finden Sie in diesem Kapitel Rezepte aus Asien, Mexiko, der Karibik, Spanien und Japan. Dem aus Thailand stammenden Rezept für Chili-Kokos-Huhn verleihen Limettensaft, Erdnüsse, Kokos und Chillies seinen authentischen Geschmack. Kashmirihuhn ist hingegen ein reichhaltiges und sehr würziges Gericht aus dem Norden Indiens, dessen Sauce aus Joghurt-Tikka-Currypaste, Kreuzkümmel, Ingwer, Chillies und Mandeln zubereitet wird. Das spanische Huhn mit Garnelen präsentiert eine ungewöhnliche Kombination von Huhn, Meeresfrüchten und der berühmten spanischen Wurst Chorizo, die in einer Sauce mit Knoblauch, Tomaten und Weißwein langsam gegart wird. Für besondere Gelegenheiten eignet sich hervorragend ein modernes Gericht wie Aprikosen-Kümmel-Huhn. Aber auch Teppanyaki, eine japanische Spezialität, ist in diesem Kapitel zu finden.*

# Hühnchen im Paprika-Mandel-Mantel

*Für dieses köstliche Hähnchengericht werden Gewürze verwendet, die in der indischen Küche typisch sind. Sie verbinden sich zu einem unverwechselbaren, würzigen Geschmack.*

Für 4 Personen

## ZUTATEN

25 g Butter
7 EL Pflanzenöl
4 Hähnchenbrustfilets, in Streifen geschnitten
1 mittelgroße Zwiebel, grob gehackt
2-cm-Stück frische Ingwerwurzel
3 Knoblauchzehen, geschält

25 g abgezogene Mandeln
1 große rote Paprika, grob gehackt
1 EL gemahlener Kreuzkümmel
2 TL gemahlener Koriander
1 TL Kurkuma
1 Prise Cayennepfeffer
½ TL Salz

150 ml Wasser
3 Sternanis
2 EL Zitronensaft
Pfeffer
Mandelblättchen, zum Garnieren
Reis, zum Servieren

**1** Die Butter mit 1 Esslöffel Öl in einer Pfanne erhitzen und die Hähnchenstreifen 5 Minuten rundum goldbraun anbraten. Auf einen Teller geben und warm stellen.

**2** Zwiebel, Ingwer, Knoblauch, Mandeln, Paprika, Kreuzkümmel, Koriander, Kurkuma, Cayennepfeffer und Salz in einen Mixer geben und zu einer Paste verarbeiten.

**3** Das restliche Öl in einem Topf oder einer tiefen Pfanne erhitzen und die Paste 10–12 Minuten braten.

**4** Die Hähnchenstreifen mit Wasser, Sternanis und Zitronensaft in die Paste geben und mit Pfeffer abschmecken. Abdecken, die Hitze reduzieren und 25 Minuten unter gelegentlichem Rühren köcheln, bis das Fleisch zart ist.

**5** Die Hähnchenstreifen auf Tellern anrichten, mit Mandelblättchen garnieren und mit Reis servieren.

Gerichte aus aller Welt

# Fruchtiges Curryhuhn

*Servieren Sie dieses fruchtige Hähnchencurry mit Mango-Chutney und Naan-Brot, und dekorieren Sie es mit kernlosen Trauben. Die Ananas kann auch durch Mango oder Birne ersetzt werden.*

Für 4–6 Personen

## ZUTATEN

1 EL Öl
900 g Hühnerfleisch, grob gewürfelt
60 g Mehl, mit Salz und Pfeffer gewürzt
10 Schalotten, grob gehackt
4 Knoblauchzehen, zerdrückt

3 Kochäpfel, gewürfelt
1 Ananas, gewürfelt
120 g Sultaninen
1 EL klarer Honig
300 ml Hühnerbrühe
2 EL Worcestersauce

3 EL scharfe Currypaste
Salz und Pfeffer
150 g saure Sahne
Orangenscheiben, zum Garnieren
Reis, zum Servieren

1 Das Öl in einer großen Pfanne erhitzen. Das Hühnerfleisch im gewürzten Mehl wenden und 4 Minuten rundum goldbraun anbraten. Das Fleisch in einen großen Topf geben und warm stellen.

2 Schalotten, Knoblauch, Äpfel, Ananas und Sultaninen langsam im Bratensaft dünsten.

3 Honig, Hühnerbrühe, Worcestersauce und Currypaste einrühren und mit Salz und Pfeffer abschmecken.

4 Den Backofen auf 180 °C vorheizen. Die Sauce über das Fleisch gießen und den Topf mit Alufolie oder einem Deckel abdecken.

5 Etwa 2 Stunden im Backofen garen. Die saure Sahne einrühren und weitere 15 Minuten garen. Das Fleisch mit Orangenscheiben garniert zu Reis servieren.

### VARIATION

*Kokosreis ist eine delikate Beilage zu diesem Gericht. 25 g Kokoscreme, 1 Zimtstange und 600 ml Wasser in einen großen Topf geben und zum Kochen bringen. 350 g Basmati-Reis zufügen, abdecken und 15 Minuten sanft köcheln, bis der Reis die Flüssigkeit aufgenommen hat. Die Zimtstange vor dem Servieren herausnehmen.*

# Scharfe Hühnchentortillas

*Ihre Familie oder Ihre Freunde werden Sie sofort nach dem Rezept fragen. Diese leicht zuzubereitenden Tortillas schmecken mit einem frischen Salat einfach göttlich.*

Für 4 Personen

## ZUTATEN

- 2 EL Öl
- 6 Hähnchenschenkel ohne Haut und Knochen, in Streifen geschnitten
- 1 Zwiebel, gehackt
- 2 Knoblauchzehen, gehackt
- 1 TL Kreuzkümmelsamen, grob zerstoßen
- 2 getrocknete Chillies, in Ringen
- 400 g geschälte Tomaten aus der Dose
- 400 g Kidney-Bohnen aus der Dose, abgetropft
- 150 ml Hühnerbrühe
- 2 TL Zucker
- Salz und Pfeffer

ZUM SERVIEREN:
- 1 große reife Avocado
- 1 Limette
- 8 Tortillas
- 250 g Naturjoghurt
- Limettenspalten, zum Garnieren

**1** Das Öl in einer großen Pfanne oder einem Wok erhitzen und das Fleisch 3 Minuten rundum goldbraun anbraten. Die Zwiebel zufügen und unter Rühren weitere 5 Minuten dünsten, bis sie bräunt. Knoblauch, Kümmel und die Chillies mit Samen zufügen und 1 weitere Minute dünsten.

**2** Tomaten, Kidney-Bohnen, Brühe und Zucker zugeben und mit Salz und Pfeffer abschmecken. Zum Kochen bringen und die Tomaten zerstoßen. Abdecken und 15 Minuten köcheln. Aufdecken und unter Rühren weitere 5 Minuten kochen.

**3** Die Avocado halbieren, den Kern wegwerfen und das Fruchtfleisch mit einem Löffel lösen. Auf einen Teller geben und zerdrücken. Die Limette auspressen und den Saft über die Avocado geben.

**4** Je 2 erwärmte Tortillas auf einem Teller mit dem Hühnchen und je einen Löffel Avocado und Joghurt füllen. Mit Limettenspalten garnieren und servieren.

## VARIATION

*Für eine vegetarische Variante können Sie das Hühnerfleisch durch Cannellini-Bohnen ersetzen und Gemüsebrühe verwenden.*

Gerichte aus aller Welt

# Hühnchen-Gumbo

*Dieser Reiseintopf ist ein vollständiges Hauptgericht für zwei Personen.  
Für Singles gilt: Halbieren Sie einfach die Zutaten.*

### Für 2 Personen

### ZUTATEN

- 1 EL Sonnenblumenöl
- 4 Hähnchenschenkel
- 1 kleine Zwiebel, gewürfelt
- 2 Selleriestangen, gewürfelt
- 1 kleine grüne Paprika, gewürfelt
- 90 g Langkornreis
- 300 ml Hühnerbrühe
- 1 kleine rote Chili
- 250 g Okra
- 1 EL Tomatenmark
- Salz und Pfeffer

**1** Das Öl in einem großen Topf erhitzen und die Hähnchenschenkel rundum goldbraun braten. Mit einem Schaumlöffel herausheben und beiseite stellen. Zwiebel, Sellerie und Paprika 1 Minute dünsten. Überschüssiges Fett abgießen.

**2** Den Reis zugeben und unter kräftigem Rühren 1 Minute anbraten. Die Brühe zugießen und aufkochen.

**3** Die Chili in dünne Ringe schneiden, die Okra putzen. Mit dem Tomatenmark in den Topf geben, salzen und pfeffern.

**4** Die Hähnchenschenkel in den Topf geben. Abdecken und 15 Minuten köcheln, bis Reis und Fleisch gar sind und die Flüssigkeit absorbiert ist. Dabei häufig rühren und eventuell Brühe nachgießen, wenn das Gumbo zu trocken wird. Sofort servieren.

### TIPP

*Durch die Chili wird das Gumbo würzig-scharf. Wenn Sie das Gumbo etwas milder bevorzugen, entkernen Sie die Chili.*

### VARIATION

*Auf Wunsch können Sie das Hühnerfleisch durch 250 g Garnelen und 90 g Schweinebauch ersetzen. Das Schweinefleisch würfeln, anbraten und dann die Zwiebel zugeben. Die Garnelen 5 Minuten vor Ende der Garzeit zufügen.*

Gerichte aus aller Welt

# Mexikanisches Huhn

*Chili – Tomaten – Mais. Dies sind die Zutaten für ein typisch mexikanisches Gericht. Kombiniert mit Huhn und Gewürzen wird es unbeschreiblich lecker.*

Für 4 Personen

## ZUTATEN

2 EL Öl
8 Hähnchenunterkeulen
1 mittelgroße Zwiebel, fein gehackt
1 TL Chilipulver

1 TL gemahlener Koriander
400 g gehackte Tomaten aus der Dose
2 EL Tomatenmark

125 g Mais, tiefgefroren
Salz und Pfeffer
Reis und bunter Paprikasalat, zum Servieren

**1** Das Öl in einer großen Pfanne erhitzen und die Hähnchenunterkeulen bei mittlerer Hitze rundum leicht bräunen. Mit einem Schaumlöffel herausheben und beiseite stellen.

**2** Die Zwiebel in die Pfanne geben und 3–4 Minuten dünsten. Das Chilipulver und den Koriander einrühren und einige Sekunden unter kräftigem Rühren dünsten. Die Tomaten mit ihrem Saft und das Tomatenmark zugeben und gut verrühren.

**3** Die Unterkeulen wieder in die Pfanne geben und 20 Minuten köcheln, bis sie gar sind. Den Mais zugeben, weitere 3–4 Minuten köcheln und mit Salz und Pfeffer abschmecken.

**4** Das Fleisch mit Reis und einem bunten Paprikasalat servieren.

### TIPP

*Mexikanische Gerichte eignen sich aufgrund ihrer intensiven Gewürze wie Chili meist nicht zum Einfrieren, da die Schärfe sich intensiviert. Sie entwickeln nach einiger Zeit zudem einen seltsamen Beigeschmack.*

# Hühnchen mit Paprika & schwarzer Bohnensauce

*Dieses Gericht ist durch die Technik des Pfannenrührens im Wok rasend schnell zubereitet. Auf diese Weise bleibt das Gemüse schön knackig.*

Für 4 Personen

## ZUTATEN

400 g Hähnchenbrustfilets, in schmale Streifen geschnitten
1 Prise Salz
1 Prise Speisestärke
2 EL Öl
1 Knoblauchzehe, zerdrückt
1 EL schwarze Bohnensauce

je 1 kleine rote und grüne Paprika, in Streifen geschnitten
1 rote Chili, gehackt
80 g Champignons, in Scheiben geschnitten
1 Zwiebel, gehackt
6 Frühlingszwiebeln, gehackt

ZUM WÜRZEN:
½ TL Salz
½ TL Zucker
3 EL Hühnerbrühe
1 EL dunkle Sojasauce
2 EL Rinderbrühe
2 EL Reiswein
1 TL Speisestärke, mit etwas Reiswein angerührt

**1** Das Fleisch in eine Schüssel geben. Salz und Speisestärke zugeben und mit Wasser bedecken. 30 Minuten ziehen lassen.

**2** Einen Esslöffel Öl in einen Wok oder eine tiefe Pfanne geben und das Fleisch 4 Minuten anbraten. Das Fleisch aus dem Wok heben und auf einen Servierteller geben. Den Wok reinigen.

**3** Das restliche Öl in den Wok geben und Knoblauch, schwarze Bohnensauce, Paprika, Chili, Champignons, Zwiebel und Frühlingszwiebeln zugeben. 2 Minuten pfannenrühren. Dann das Hähnchenfleisch wieder in den Wok geben.

**4** Die Würzzutaten zugeben, 3 Minuten braten, mit ein wenig von der angerührten Speisestärke andicken und servieren. Dazu passen frische Nudeln.

## TIPP

*Schwarze Bohnensauce ist in vielen Supermärkten erhältlich. Wenn Sie keine frischen Nudeln finden, können Sie auch getrocknete verwenden.*

# Teppanyaki

*Japan ist bekannt für seine gesunde Küche, die auch viel Wert auf Ästhetik legt. Mirin ist ein süßer Reiswein, der in Asia-Shops erhältlich ist.*

Für 4 Personen

## ZUTATEN

- 4 Hähnchenbrustfilets
- 1 rote Paprika
- 1 grüne Paprika
- 4 Frühlingszwiebeln
- 8 Babymaiskolben
- 100 g Bohnensprossen
- 1 EL Sesamöl oder Sonnenblumenöl
- 4 EL Sojasauce
- 4 EL Mirin
- 1 EL frisch geriebene Ingwerwurzel

1 Die Hähnchenbrustfilets mit einem scharfen Messer leicht diagonal in ca. 5 mm dünne Streifen schneiden.

2 Die Paprikaschoten entkernen und in dünne Streifen schneiden. Frühlingszwiebeln und Maiskolben putzen und in Scheiben schneiden. Paprika, Frühlingszwiebeln und Mais mit Bohnensprossen und Hähnchenstreifen auf einen Teller geben.

3 Eine große Pfanne oder einen Wok heiß mit Öl bestreichen und Gemüse und Fleisch portionsweise darin anbraten, damit die Einzelteile nicht übereinander liegen und gut durchbraten.

4 Sojasauce, Mirin und Ingwer in einer kleinen Schüssel verrühren und als Dip zu Gemüse und Fleisch servieren.

### VARIATION

*Wenn Sie keinen Mirin finden können, geben Sie 1 EL braunen Zucker mit in die Sauce.*

### VARIATION

*Sie können das Hühnerfleisch auch in der Sauce marinieren. Das Fleisch sollte aber nicht länger als 2 Stunden marinieren, da es sonst von der Sojasauce ausgetrocknet und zäh wird. Sie können für dieses Rezept auch z. B. Zuckererbsen und dünn geschnittene Karotten verwenden.*

Gerichte aus aller Welt

# Karibisches Huhn

*Sie können für dieses exotische Gericht beliebige Hähnchenteile verwenden, doch mit Unterkeulen gelingt es am besten. Frisch geriebene Kokosnuss ist sowohl dekorativ als auch lecker.*

Für 4 Personen

## ZUTATEN

4 Hähnchenunterkeulen ohne Haut
2 Limetten
1 TL Cayennepfeffer
2 mittelgroße Mangos

1 EL Sonnenblumenöl
2 EL brauner Zucker
Limettenspalten und frische Petersilie, zum Garnieren

2 EL grob geriebene Kokosraspel, zum Garnieren (nach Belieben)

**1** Die Hähnchenunterkeulen mehrfach quer einschneiden und in eine große Schüssel geben.

**2** Die Limettenschale dünn abreiben.

**3** Die Limetten auspressen und den Saft über das Fleisch träufeln. Mit dem Cayennepfeffer bestreuen. Abdecken und mindestens 2 Stunden oder über Nacht kalt stellen.

**4** Die Mangos schälen und halbieren. Die Steine auslösen, Fruchtfleisch in Streifen schneiden.

**5** Die Unterkeulen mit einem Schaumlöffel aus der Marinade heben. Die Marinade aufbewahren. Das Öl in einer großen Pfanne erhitzen und die Schenkel unter mehrfachem Wenden rundum goldbraun anbraten. Marinade, Limettenschale, Mangostreifen und Zucker zufügen und einrühren.

**6** Abdecken und 15 Minuten unter Rühren köcheln. Mit Limettenspalten und frischer Petersilie garnieren. Nach Geschmack mit Kokosraspeln bestreuen und servieren.

### VARIATION

*Reife Mangos können verschiedene Färbungen von Grün bis Rosarot haben. Auch das Fruchtfleisch kann von Gelb bis Orange variieren. Wählen Sie eine Mango, die bei leichtem Druck etwas nachgibt.*

# Spanisches Huhn mit Garnelen

*Die ungewöhnliche Kombination von Huhn und Garnelen ist recht typisch für die spanische Küche. Das Huhn wird auf einem Bett aus Tomaten, Zwiebeln, Knoblauch und Paprika geschmort.*

Für 4 Personen

## ZUTATEN

4 Hühnerteile
1 EL Olivenöl
1 rote Paprika
1 mittelgroße Zwiebel,
2 Knoblauchzehen, zerdrückt

400 g gehackte Tomaten aus der Dose
200 ml trockener Weißwein
4 EL frisch gehackter Oregano

Salz und Pfeffer
125 g Chorizo
125 g Garnelen, geschält
Reis, zum Servieren

1 Die Hühnerteile häuten. Das Öl in einer großen Pfanne erhitzen und die Hühnerteile unter mehrfachem Wenden rundum goldbraun anbraten.

2 Die Paprikaschoten entkernen und mit einem scharfen Messer in Streifen schneiden. Anschließend die Zwiebel schälen und in Ringe schneiden. Beides in die Pfanne geben und sanft andünsten.

3 Knoblauch, Tomaten, Wein und Oregano zugeben und mit Salz und Pfeffer abschmecken. Aufkochen, abdecken und 45 Minuten sanft köcheln, bis das Fleisch gar ist und beim Anstechen klarer Fleischsaft austritt.

4 Die Chorizo in dünne Scheiben schneiden und mit den Garnelen in die Pfanne geben. Weitere 5 Minuten köcheln, erneut abschmecken und mit Reis servieren.

### TIPP

*Chorizo ist eine scharfe spanische Wurst aus Schweinefleisch und Pfeffer. Sie ist in großen Supermärkten und bei einigen Metzgern erhältlich.*

# Hühnchen-Korma

*Korma bezeichnet ein mildes, aber aromatisches Curry. Wenn Sie auf fettarme Ernährung achten, ersetzen Sie die Crème double einfach durch Naturjoghurt.*

Für 4–6 Personen

## ZUTATEN

750 g Hühnerfleisch, grob gewürfelt
300 g Crème double
½ TL Garam Masala

frische Korianderzweige, zum Garnieren
Reis, zum Servieren

KORMAPASTE:
2 Knoblauchzehen
2,5-cm-Stück frische Ingwerwurzel, grob gehackt
50 g blanchierte Mandeln
6 EL Hühnerbrühe
1 TL gemahlener Kardamom

4 Gewürznelken, zerdrückt
1 TL Zimt
2 große Zwiebeln, gehackt
1 TL Koriandersamen
1 Prise Cayennepfeffer
6 EL Olivenöl
Salz und Pfeffer

**1** Die Zutaten für die Kormapaste im Mixer oder in einer Küchenmaschine zu einer glatten Paste verarbeiten.

**2** Das Hühnerfleisch in einer Schüssel mit der Paste vermengen. Abdecken und zum Marinieren 3 Stunden kalt stellen.

**3** Das Fleisch in einen großen Topf geben und 25 Minuten köcheln. Wenn die Mischung zu trocken wird, etwas Brühe zugießen.

**4** Crème double und Garam Masala zugeben und weitere 15 Minuten köcheln. Das Korma vom Herd nehmen und vor dem Servieren 10 Minuten ruhen lassen. Mit frischem Koriander garnieren und auf einem Bett aus Reis servieren.

### TIPP

*Garam Masala ist eine indische Gewürzmischung. Sie kann fertig gekauft oder selbst zubereitet werden. 1 TL Kardamomsamen, 2 TL Gewürznelken, je 2 EL Kreuzkümmel- und Koriandersamen, 7,5 cm Zimtstange, 1 EL Pfefferkörner und 1 getrocknete rote Chili im Mörser oder in der Gewürzmühle zu Pulver zermahlen.*

# Fürstliche Poularde mit Cashew-Füllung

*In diesem „adligen" Rezept wird fast die gesamte Füllung getrennt von der Poularde zubereitet. Nur ein kleiner Teil wird am Halsende eingefüllt.*

Für 4 Personen

## ZUTATEN

1 Poularde (ca. 1,5 kg)
1 kleine Zwiebel, halbiert
25 g Butter, zerlassen
1 TL Kurkuma
1 TL Ingwerpulver
½ TL Cayennepfeffer
Salz und Pfeffer
frische Korianderzweige, zum Garnieren

FÜLLUNG:
2 EL Öl
1 mittelgroße Zwiebel, fein gehackt
½ rote Paprika, fein gehackt
2 Knoblauchzehen, zerdrückt
125 g Basmati-Reis
350 ml heiße Hühnerbrühe

abgeriebene Schale von ½ Zitrone
½ TL Kurkuma
½ TL Ingwerpulver
½ TL gemahlener Koriander
90 g gesalzene Cashewkerne
1 Prise Cayennepfeffer

**1** Für die Füllung das Öl in einem Topf erhitzen. Zwiebel, Knoblauch und Paprika 4–5 Minuten andünsten. Reis zugeben und gut umrühren. Brühe zugießen, aufkochen und 15 Minuten köcheln. In eine Schüssel geben, die restlichen Zutaten zufügen und pfeffern.

**2** Die Hälfte der Füllung am Halsende in die Poularde füllen und mit einem Spieß verschließen. Die halbierte Zwiebel in die Schwanzöffnung der Poularde geben. Die restliche Reisfüllung in eine eingefettete Auflaufform geben und abdecken.

**3** Die Poularde in einem Bräter mit der Gabel einstechen. Butter, Kräuter und Gewürze verrühren und die Poularde damit bestreichen.

**4** Den Backofen auf 190 °C vorheizen und die Poularde 1 Stunde backen, dabei mehrfach mit Bratensaft übergießen. Den Reis 30 Minuten vor Ende der Backzeit mit in den Ofen geben. Die Poularde mit Koriander garnieren und mit Reis und Bratensaft servieren.

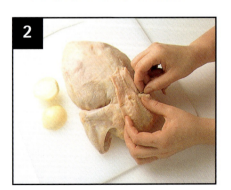

# Thailändische Hühnchenpfanne mit Gemüse

*Kokoscreme besteht aus dem geraspelten Fruchtfleisch der Kokosnuss, das mit Wasser vermischt, ausgepresst und dann in Blöcken verkauft wird.*

Für 4 Personen

## ZUTATEN

3 EL Sesamöl
350 g Hähnchenbrustfilet, in dünne Streifen geschnitten
Salz und Pfeffer
8 Schalotten, in Streifen geschnitten
2 Knoblauchzehen, fein gehackt

1 grüne Chili, fein gehackt
2,5-cm-Stück frische Ingwerwurzel, gerieben
je 1 grüne und rote Paprika, in dünne Streifen geschnitten

3 Zucchini, in dünne Scheiben geschnitten
2 EL gemahlene Mandeln
1 TL Zimt
1 EL Austernsauce
50 g Kokoscreme, gerieben

**1** Das Sesamöl in einer großen Pfanne oder einem Wok erhitzen, das Hähnchenbrustfilet zugeben, mit Salz und Pfeffer würzen und 4 Minuten pfannenrühren.

**2** Schalotten, Knoblauch, Chili und Ingwer zugeben und weitere 2 Minuten pfannenrühren.

**3** Paprika und Zucchini zugeben und 1 Minute dünsten.

**4** Die restlichen Zutaten zufügen, abschmecken und 1 Minute pfannenrühren. Sofort servieren.

### TIPP

*Kokoscreme wird in Blöcken verkauft und ist in Asia-Shops erhältlich. Freunde der asiatischen Küche sollten sie vorrätig haben, da sie den Geschmack vieler Gerichte abrundet.*

### TIPP

*Die Schärfe der Chillies sitzt hauptsächlich in den Samen. Wer mildere Speisen bevorzugt, sollte sie entfernen. Beim Umgang mit Chillies niemals die Augen reiben: Das tut weh. Man sollte sich nach dem Anfassen von Chillies gründlich die Hände waschen.*

# Goldener Hühnchenpilaw

*Probieren Sie einmal diesen recht einfach zuzubereitenden indischen Pilaw. Das mild gewürzte, zart schmelzende Reisgericht wird bestimmt zu einem Ihrer Standardrezepte werden.*

Für 4 Personen

## ZUTATEN

- 60 g Butter
- 8 Hähnchenschenkel ohne Haut und Knochen, in große Stücke geschnitten
- 1 mittelgroße Zwiebel, in Ringe geschnitten
- 1 TL Kurkuma
- 1 TL Zimt
- 250 g Langkornreis
- Salz und Pfeffer
- 400 g Naturjoghurt
- 60 g Sultaninen
- 200 ml Hühnerbrühe
- 1 mittelgroße Tomate, gehackt
- 2 EL frisch gehackter Koriander oder frisch gehackte Petersilie
- 2 EL Kokosraspel
- frische Korianderzweige, zum Garnieren

**1** Die Butter in einem großen Topf zerlassen und Hühnerstücke und Zwiebel 3 Minuten anbraten.

**2** Kurkuma, Zimt und Reis zugeben und mit Salz und Pfeffer würzen. 3 Minuten sanft dünsten.

**3** Joghurt, Sultaninen und Hühnerbrühe einrühren, abdecken und unter gelegentlichem Rühren 15 Minuten köcheln, bis der Reis die gesamte Flüssigkeit aufgenommen hat und gar ist. Wenn die Mischung zu trocken wird, etwas Brühe nachgießen.

**4** Die gehackte Tomate und Koriander oder Petersilie einrühren.

**5** Mit Kokosraspeln bestreuen, mit frischem Koriander garnieren und servieren.

### TIPP

*Langkornreis ist eine der preiswertesten Reissorten und praktisch überall erhältlich. Basmati-Reis hat lange, schlanke Körner und einen sehr aromatischen Geschmack. Er eignet sich für aufwändige Gerichte zu speziellen Anlässen, da er oft recht teuer ist. Reis sollte vor dem Gebrauch gründlich unter fließend kaltem Wasser gewaschen werden.*

# Kashmiri-Huhn

*Dieses sehr würzige, scharfe Gericht ist die Variation eines traditionellen Rezepts aus dem Norden Indiens. Servieren Sie dazu einen eher süßlichen Pilaw mit Rosinen und Mandeln.*

Für 4 Personen

## ZUTATEN

- 4 Hähnchenunterkeulen ohne Haut
- 4 Hähnchenschenkel ohne Haut
- 150 g Naturjoghurt
- 4 EL Tikka-Currypaste
- 2 EL Sonnenblumenöl
- 1 mittelgroße Zwiebel, in dünne Ringe geschnitten
- 1 Knoblauchzehe, zerdrückt
- 1 TL gemahlener Kreuzkümmel
- 1 TL frisch gehackte Ingwerwurzel
- 1 TL Chilipaste
- 4 TL Hühnerbrühe
- 2 EL gemahlene Mandeln
- Salz
- frische Korianderzweige, zum Garnieren

1 Die Hühnerteile mit einem scharfen Messer mehrfach einschneiden und in eine Schüssel geben.

2 Naturjoghurt und Tikka-Currypaste zufügen und gründlich durchheben, bis alles gut bedeckt ist. Abdecken und mindestens 1 Stunde kalt stellen.

3 Das Öl in einer großen Pfanne erhitzen und Zwiebel und Knoblauch darin 4–5 Minuten andünsten, aber nicht bräunen.

4 Kreuzkümmel, Ingwer und Chilipaste zugeben und 1 Minute sanft kochen.

5 Das Fleisch zufügen und 10 Minuten unter mehrfachem Wenden sanft anbraten. Die restliche Marinade mit Brühe und Mandeln einrühren.

6 Abdecken und 15 Minuten köcheln, bis das Fleisch zart ist.

7 Leicht salzen, mit frischem Koriander garnieren und servieren. Dazu passen auch Pilaw-Reis, eingelegtes Gemüse und Poppadums.

## VARIATION

*Anstelle der Schenkel können Sie auch Brustfilets verwenden, die in Stücke geschnitten werden.*

Gerichte aus aller Welt

# Hähnchenkeulen mit Aprikosenfüllung

*Für dieses wundervolle Gericht werden Hähnchenkeulen teilweise entbeint und mit getrockeneten Aprikosen gefüllt. Durch die würzige Joghurtglasur bleibt das Fleisch herrlich saftig.*

Für 4 Personen

## ZUTATEN

4 große Hähnchenkeulen ohne Haut
abgeriebene Schale von 1 Zitrone
Salz und Pfeffer
200 g getrocknete Aprikosen
1 EL gemahlener Kreuzkümmel

1 TL Kurkuma
125 g magerer Naturjoghurt

ZUM SERVIEREN:
250 g Naturreis

2 EL Haselnuss- oder Mandelblätter, geröstet
2 EL Sonnenblumenkerne, geröstet
Zitronenspalten und frischer Salat, zum Garnieren

1 Überschüssiges Fett von den Hähnchenkeulen abschneiden.

2 Mit einem scharfen Messer vorsichtig das Fleisch am Oberschenkel bis zum Knochen einschneiden.

3 Das Fleisch bis zum Gelenk vom Knochen lösen. Den Oberschenkelknochen in die Hand nehmen, vom Unterschenkelknochen abdrehen und herausziehen.

4 Das Oberschenkelfleisch aufklappen und von innen mit Zitronenschale und Pfeffer bestreuen. Die Oberschenkel mit getrockneten Aprikosen füllen, zusammenfalten und mit einem Zahnstocher verschließen.

5 Den Backofen auf 190 °C vorheizen. Kreuzkümmel, Kurkuma und Joghurt mischen und mit Salz und Pfeffer abschmecken. Die Hähnchenkeulen gleichmäßig damit bestreichen. In einen Bräter geben und 35–40 Minuten im Ofen backen, bis beim Anstechen klarer Fleischsaft austritt.

6 Unterdessen den Reis in kochendem, leicht gesalzenem Wasser gar kochen, abtropfen und mit Haselnüssen oder Mandeln und Sonnenblumenkernen vermischen. Die Keulen mit Zitronenspalten und Salat garnieren und mit dem Reis servieren.

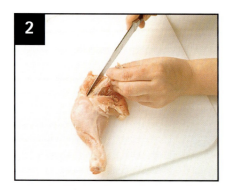
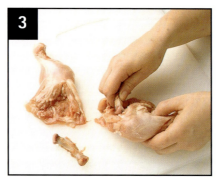

# Chili-Kokos-Huhn

*Dieses Gericht enthält typisch thailändische Zutaten – Kokoscreme, Limette, Erdnüsse und Chili. Lassen Sie sich dieses Huhn auf der Zunge zergehen!*

Für 4 Personen

## ZUTATEN

150 ml heiße Hühnerbrühe
25 g Kokoscreme
1 EL Sonnenblumenöl
8 Hähnchenschenkel ohne Haut und Knochen, in Streifen geschnitten

1 kleine rote Chili, in Scheiben geschnitten
4 Frühlingszwiebeln, in dünne Scheiben geschnitten
4 EL Erdnussbutter

abgeriebene Schale und Saft von 1 Limette
je 1 frische rote Chili und Frühlingszwiebel, zum Garnieren
gekochter Reis, zum Servieren

1 Die Hühnerbrühe in eine kleine Schüssel gießen. Die Kokoscreme zerbröseln, in die Hühnerbrühe geben und so lange rühren, bis sie aufgelöst ist.

2 Das Öl in einem Wok oder einer großen Pfanne erhitzen. Die Hähnchenstreifen zugeben und unter Rühren braten, bis sie goldbraun sind.

3 Chili und Frühlingszwiebeln einrühren und ein paar Minuten braten.

4 Erdnussbutter, Hühnerbrühe, Limettenschale und -saft zugeben und 5 Minuten köcheln.

5 Das Fleisch auf einen Servierteller geben, mit Chili und Frühlingszwiebel garnieren und mit Reis servieren.

### VARIATION

*Jasmin-Reis hat ein angenehm duftendes Aroma, das ausgezeichnet zu dieser Speise passt.*

### VARIATION

*Limetten spielen in der thailändischen Küche eine große Rolle, vor allem mit süßlichen Zutaten wie Kokos oder Erdnüssen. Sie werden den Zitronen vorgezogen, weil sie mehr Säure enthalten und den Gerichten somit ein frischeres Aroma verleihen. Wenn Sie keine Limetten finden, können Sie Zitronen verwenden.*

# Rezeptverzeichnis

Altenglischer Hühnchensalat 64
Apfelhuhn, Festliches 148

Bierhuhn, Englisches 134
Brathähnchen in Waldpilzsauce 168
Brathähnchen mit Koriander & Knoblauch 150
Bretonischer Hühnereintopf 136
Bunte Hühnchenpfanne 70

Cajun-Hähnchen 192
Californiahuhn 144
Chili-Kokos-Huhn 254
Curryhuhn, Fruchtiges 226

Dickens Hühnerbrühe 28
Englisches Bierhuhn 134
Erdnusspfanne, Schnelle 80

Festliches Apfelhuhn 148
Fetahuhn mit Bergkräutern 152
Französisches Madeirahuhn 140
Fruchtiges Curryhuhn 226
Frühlings-Stubenküken 174
Fürstliche Poularde mit Cashew-Füllung 244

Gegrillte Hähnchenschenkel mit Pesto-Baguette 208
Gegrillte Stubenküken mit Zitrone & Estragon 216
Gemüse mit Hähnchenbrustfilets, Gegrilltes 198
Goldener Hühnchenpilaw 248
Goldener Hühnchenrisotto 104
Grillhähnchen mit warmer Aioli 218

Hähnchen in Honig-Senf-Glasur 182
Hähnchenbaguette 52
Hähnchenbrust mit Gartenkräutern 204
Hähnchenbrust mit Paprikasauce 74
Hähnchenbrust mit Whiskysauce, Pochierte 84
Hähnchenbrust, Golden glasierte 96
Hähnchenbrustfilet „Lady Jayne" 94
Hähnchenbrustfilet Elisabeth 78
Hähnchenbrustfilet mit Birnen-Käse-Salat 66
Hähnchenbrustfilet-Roulade mit Schinken & Käse 172
Hähnchenbrustfilets mit Pfannenobst, Gebratene 160

Hähnchenbrustfilets mit schwarzen Kirschen 164
Hähnchenkeulen mit Aprikosenfüllung 252
Hähnchensandwich 42
Hähnchenstreifen mit zwei Dips 92
Hähnchentoast 60
Hähnchenunterkeulen mit Mango-Salsa 40
Hähnchenunterkeulen mit Pesto-Baguette, Gegrillte 208
Hähnchenunterkeulen mit Senf, Gegrillte 210
Hähnchenunterkeulen, Süß-saure 202
Herzhafte Hühnchenkroketten 102
Honig-Zitrus-Huhn 170
Huhn Bourguignon 120
Huhn-Gemüse-Pakete, Mediterrane 98
Huhn im Hafermantel 48
Huhn im Käsemantel 186
Huhn in exotischer Pilz-Ingwer-Sauce 128
Huhn in Minz-Limetten-Sauce 212
Huhn mit Garnelen, Spanisches 240
Huhn, Karibisches 238
Huhn, Mexikanisches 232
Hühnchen im Paprika-Mandel-Mantel 224
Hühnchen mit Mais & Zuckererbsen 100
Hühnchen mit Paprika & schwarzer Bohnensauce 234
Hühnchen mit Perlzwiebeln & Erbsen 146
Hühnchenauflauf, Schneller 106
Hühnchen-Bauerntopf 122
Hühnchen-Cobbler 142
Hühnchen-Gumbo 230
Hühnchen-Korma 242
Hühnchenkroketten, Herzhafte 102
Hühnchen-Orangen-Eintopf 112
Hühnchenpastete, Toms 108
Hühnchenpeperonata 44
Hühnchenpfanne mit Gemüse, Thailändische 246
Hühnchenpfanne, Bunte 70
Hühnchenpilaw, Goldener 248
Hühnchenpuffer mit Kräutern 46
Hühnchenrillette 56
Hühnchenrisotto alla Milanese 76

Hühnchenrisotto, Goldener 104
Hühnchenrollen am Spieß 222
Hühnchenrouladen, Italienische 88
Hühnchensalat, Altenglischer 64
Hühnchenschmortopf mit Rosmarinklößen 126
Hühnchenspieße mit Brombeersauce 214
Hühnchenspieße, Tropische 200
Hühnchentaschen im Schinkenmantel 82
Hühnchentaschen mit Frühlingsgemüse 72
Hühnchentortillas, Scharfe 228
Hühnerbrühe mit Nudeln 16
Hühnerbrühe, Dickens 28
Hühnerconsommé 18
Hühnercremesuppe 24
Hühnercremesuppe mit Orange 30
Hühnercremesuppe mit Tomate 34
Hühnercremesuppe mit Zitrone 8
Hühnereintopf, Bretonischer 136
Hühnereintopf, Jamaikanischer 130
Hühnerfrikassee im Limettensauce 118
Hühnerkasserolle mit Knoblauch 132
Hühner-Mulligatawny-Suppe 20
Hühnersuppe mit Erbsen 22
Hühnersuppe mit Korianderklößchen 26
Hühnersuppe mit Perlhuhn & Spaghetti 32
Hühnersuppe mit Porree 12
Hühnersuppe, Thailändische 14
Hühnertopf, Ländlicher 116
Hühnertopf, Mediterraner 138
Hühnertopf, Pikanter 114

Ingwerhuhn mit Mais 196
Italienische Hühnchenrouladen 88

Jamaikanischer Hühnereintopf 130

Karibisches Huhn 238
Käse-Knoblauch-Hähnchenschenkel 58
Kashmiri-Huhn 250
Knoblauchhuhn 90
Königshuhn 54

Ländlicher Hühnertopf 116

Madeirahuhn, Französisches 140
Mediterrane Huhn-Gemüse-Pakete 98
Mediterraner Hühnertopf 138
Mediterraner Sonntagsbraten 184
Mexikanisches Huhn 232

Ofenkartoffeln mit Huhn & Käse 38
Orangen-Sesam-Huhn 180

Parmesanhuhn 176
Pikante Tomaten-Hühnchen-Spieße 206
Pikanter Hühnertopf 114
Pochierte Hähnchenbrust mit Whiskysauce 84
Pollo Catalan 162
Poularde Gärtner-Art 188
Poularde mit Cashew-Füllung, Fürstliche 244
Poularde mit Mango & Preiselbeeren 158
Poularde mit Marmeladenfüllung 156
Poularde mit Zucchini-Limetten-Füllung 178

Scharfe Hühnchentortillas 228
Schnelle Erdnusspfanne 80
Schneller Hühnchenauflauf 106
Sesamhähnchen, Pikantes 194
Solomongundy 50
Sonntagsbraten, Mediterraner 184
Stubenküken mit Trockenobst 154
Stubenküken mit Zitrone & Estragon, Gegrillte 216

Teppanyaki 236
Teufelshuhn 86
Thailändische Hühnchenpfanne mit Gemüse 246
Thailändische Hühnersuppe 14
Tomaten-Hühnchen-Spieße, Pikante 206
Toms Hühnchenpastete 108
Toms Hühnersuppe 10
Tropische Hühnchenspieße 200

Ungarisches Hühnergulasch 124

Waldorfsalat mit Huhn 62
Wantan-Suppe mit Huhn 36
Whiskyhuhn 166